Wenn Pferde kochen könnten

Wenn Pferde kochen könnten...

Pferdeleckereien selbst gemacht

von

Heike Groß

CADMOS
PFERDEBÜCHER

Fotonachweis:
Peter Prohn: Seite 16,17,18.19
Alle anderen Fotos von Heike Groß

Cadmos Verlag GmbH, Lüneburg

Gestaltung: Ravenstein Brain Pool
Titelfoto: Heike Groß
Druck: Westermann Druck Zwickau GmbH

Printed in Germany

ISBN 3-86127-512-0

PFERDEPIZZAS LEICHT GEMACHT 58

DER GESUNDE NACHTISCH FÜR PFERDE 61

PFERDEBRÖTCHEN SELBST GEBACKEN 63

DIE FRUCHTSAFT - BAR 66

DIE TEEKÜCHE 69

WIE SINNVOLL IST DIE KRÄUTERFÜTTERUNG? 73

PFLANZEN UND IHRE HEILKRÄFTE 76

EINLEITUNG

Sind wir es unseren Pferden nicht schuldig, wenn wir sie zu unserem Freizeitvergnügen "nutzen", ihnen ihr Leben möglichst naturnah, artgerecht und vor allen Dingen ihre Ernährung gesund zu gestalten? Dementsprechend ist eine den Ansprüchen bedarfsgerechte und sehr abwechslungsreiche Ernährung für eine verantwortungsvolle Pferdehaltung unverzichtbar. Und natürlich ist bei besonderen Umständen wie Krankheit, Trächtigkeit, Wachstum und Alter die zusätzliche Versorgung mit Nähr- und Vitaminstoffen oder Heilkräutern nicht zu vergessen.

Die heute noch am häufigsten praktizierte Heu-Hafer-Weidefütterung hat sicher viele Pferdegenerationen durchs Leben geführt, doch sollte jeder verantwortungsbewußte Pferdebesitzer in der Zusammenstellung des täglichen Speiseplanes seines Pferdes etwas mehr Abwechslung erzielen. Und je abwechslungsreicher und vielseitiger wir für unsere Pferde das Futterangebot auswählen, desto sicherer können wir sein, für eine ausreichend gesunde Versorgung mit Vitaminen, Mineralstoffen und Spurenelementen gesorgt zu haben.

Dieses „Kochbuch für Pferde" hilft mit seinen vielseitigen Rezepten rund um die Pferdefütterung, diese Abwechslung leicht und vielfältig zu gestalten. So liegt der Sinn und Zweck dieses Buches in der Erstellung gesunder und schmackhafter Futterergänzungsleckereien, die nicht nur den Pferdegaumen erfreuen, sondern auch die Pferdegesundheit unterstützen.

Die vorgestellten Rezepte dienen daher in erster Linie als wertvolle Mineralstoff- und Vitaminergänzung in der Ernährung der Tiere.

Zusätzlich können mit verschiedenen Kräutern bestimmte Leiden oder chronische Erkrankungen gelindert oder ein Aufschub des Krankheitsfortschrittes erreicht werden. Darüberhinaus finden sich hier für Zuchtstuten, alte Pferde, Fohlen oder Reitpferde die vielseitigsten Möglichkeiten einer speziell an ihre Bedürfnisse angepaßten Leckerlizubereitung.

Die fertigen Leckerlis, Salate, Knabberstangen oder Energieriegel sind so schmackhaft, daß nicht selten auch einmal die Reiter davon naschen und sie den Pferden vorenthalten.

Der Arbeitsaufwand zur Herstellung dieser Rezepte ist nicht sehr hoch und kann ganz nebenbei während der eigenen Essenszubereitung erledigt werden. Wichtig ist, stets genügend „Material" zu Hause vorrätig zu haben, die kleine vorgestellte Vorratsliste ist dabei sehr behilflich.

Neben dem ernsthaften Gedanken einer gesunden und vitaminreichen Nahrungsergänzung mit speziell ausgewählten Futtermitteln soll jedoch auch die Freude und der Spaß an der Zubereitung dieser Leckereien für den Partner Pferd mit im Vordergrund stehen.

Und nun viel Spaß bei der Zubereitung der gesunden und schmackhaften Pferdeleckereien!

Immer nur Heu, Hafer und Weide sind auf Dauer eine langweilige und unzuzreichende Versorgung in bezug auf Mineralien und Vitamine in der Pferdeernährung.

WARUM PFERDELECKERLIS ÜBERHAUPT SELBER MACHEN?

Die ersten Pferdeleckerlis wurden 1870 in England hergestellt und wurden zu jener Zeit noch als Pferdebiskuits bezeichnet. Die Reitersleute nahmen diese Biskuits bei ihren langen Ritten gerne als Futterersatz für die Pferde mit. Ihr Umfang betrug rund zehn Zentimeter und sie waren damit wesentlich größer als unsere heutigen Leckerlis.

Aufgrund ihrer Zusammensetzung enthielten sie viel Energie und Eiweiß. Sie dienten somit als Energiespender und Sattmacher für lange Strecken zwischendurch, denn zu dieser Zeit wurde das Pferd nicht nur zum Freizeitvergnügen gehalten, sondern hauptsächlich als Fortbewegungsmittel über lange Strecken eingesetzt.

Da nur begrenzt Gepäck transportiert werden konnte, waren die Pferdebiskuits praktische und beliebte Futtermittel für unterwegs.

Diese kleinen Kuchen waren leicht selber herzustellen, sie wurden aus Hafer, Gerstenschrot und Erbsen gebacken.

Selbst wenn Äpfel, Möhren und trockenes Brot zusätzlich als Leckereien verfüttert werden, bleibt der Speiseplan langweilig und unausgewogen.

HINWEISE ZU DEN REZEPTEN

Heute sind die Gründe der Vermarktung von Pferdeleckerlis nicht mehr im zweckdienlichen Reiseproviant zu sehen, sondern sie werden in erster Linie zur Belohnung der Pferde nach gut vollbrachter Leistung oder zur Begrüßung des Pferdes verwendet.

Viele Menschen überlegen beim Einkauf ihrer eigenen Lebensmittel sehr genau, ob sie ungespritzte Gemüse- und Obstsorten auswählen, und greifen vielfach auf chemiefreie Produkte zurück. Sie wollen sich und ihre Familie bewußt gesund und vor allem chemiefrei ernähren.

Daraus entwickelt sich auch bei den Pferdebesitzern der Gedanke, was wohl in den fertig zu kaufenden, gepreßten Pferdeleckerlis so alles enthalten ist und ob es nicht möglich ist, so etwas selber herzustellen. Denn bei einer eigenen Zubereitung weiß der Pferdehalter genau, welche Stoffe in den Leckerlis enthalten sind.

Ein weiterer großer Vorteil in der eigenen Herstellung von Pferdeleckereien liegt darin, daß sie inhaltlich ganz individuell für spezielle Bedürfnisse in der Pferdefütterung zusammengestellt werden können.

So können regelmäßige Medikamentengaben schmackhaft verpackt, oder Futterergänzungen in leckerer Form angeboten werden.

Und wie schon erwähnt, eben alles ohne Chemie mit gesunden, vitaminreichen Nährstoffen, Vitaminen und wertvollen Spurenelementen für den Pferdeorganismus.

Aufgrund der frischen Zutaten sind die Leckerlis nicht sehr lange haltbar, aber darin liegt eben einer ihrer vielen Vorteile, sie sind stets frisch!

Die folgenden Hinweise zu den nachstehenden Rezepten sollten zum guten Gelingen und der Bekömmlichkeit der Pferdeleckereien unbedingt beachtet werden!

Einkaufen: Viele Produkte können für einen längeren Zeitraum auf Vorrat eingekauft werden, so daß der Pferdebesitzer schnell mal zwischendurch ein paar Leckerlis zubereiten kann (siehe Vorratsliste).

Es empfiehlt sich aus preislicher Sicht, die verschiedenen Rezepte zur Saisonzeit der darin verwendeten Gemüse- und Obstsorten herzustellen. Zu dieser Zeit sind sie am preiswertesten einzukaufen. Damit der Pferdebesitzer weiß, wann es sich lohnt, diese Gemüse- oder Obstsorten einzukaufen, ist eine Saisonliste beigefügt.

Arbeitszeiten: Der Arbeitsaufwand ist recht gering, zumal die Leckerlis neben der Zubereitung der eigenen Mahlzeit hergestellt werden können. Im Durchschnitt beträgt die Herstellung einer Portion Leckerlis (ohne Backzeit) oder eines Salates etwa 30 Minuten

Backzeiten: Die Backofentemperaturen beziehen sich in diesen Rezepten auf einen Gasumluftherd. Bei einem Elek-

Die hier abgebildeten Kekse, Bonbons, Schokoladen und Würfelzucker gehören ***nicht*** *zu den gesunden und nahrhaften Pferdeleckereien. Sie sind ungesund und sollten nicht gefüttert werden, es gibt viele gesündere Alternativen.*

troherd mit Ober- und Unterhitze sollte die Temperatur um 20-30 Prozent erhöht werden, die Backzeit dagegen verändert sich nicht.

Aufbewahrung: Die Leckerlis sollten bis zum Zeitpunkt der Fütterung in einer Frischhaltedose im Kühlschrank aufbewahrt werden. Die Salate sind ebenfalls am besten in einer großen Plastikschüssel aufzubewahren und zu transportieren.

Haltbarkeit: Die Haltbarkeit der Leckerlis ist aufgrund der vielen frischen Zutaten begrenzt, nach ein bis drei Tagen sollten sie aufgebraucht sein. Die Salate sind noch am Tag der Herstellung dem Pferd zu füttern. Speziell in der Sommerzeit ist auf die schnelle Verderblichkeit stets zu achten, die Futterleckereien sollten daher unbedingt kühl aufbewahrt werden.

Zutaten: In den Rezepten wird kein Zucker, sondern nur Traubenzucker oder Honig zum Süßen verwendet. Süßigkeiten wie Schokolade oder Bonbons, Zucker oder jegliche Art von Plätzchen gehören nicht zu einer gesunden Pferdefütterung und werden demzufolge in diesem Buch nicht verwendet.

Rezeptvariationen / Verträglichkeit: Alle in diesem Kochbuch für Pferde vorgestellten Rezepte mit ihren Zutaten sind gut verträglich und wurden mehrfach an Pferde (und auch Reiter!) verfüttert. Alle Leckereien und Salate wurden mit großem Appetit verspeist und von allen Tieren unterschiedlichster Rassen gut vertragen. Trotz aller Unbedenklichkeit sollte sich der Pferdeleckerli-Hobbykoch jedoch unbedingt an die vorgeschriebenen Zutaten und Mengenangaben halten. Diese Mengenangaben beziehen sich auf gut verträgliche Tagesrationen und dürfen daher nicht überschritten werden.

Weiterhin ist zu beachten:

- nur jeweils die Pflanzen und Kräuter verwenden, die in den Rezepten angegeben sind
- keine Kräuter oder Pflanzen pflücken oder verwenden, die unbekannt sind
- aus Gründen der Schadstoffbelastung keine Blüten oder Blätter direkt am Straßenrand sammeln
- keine Kohlsorten oder Kohlblätter verfüttern, da extreme Kolikgefahr

Bevor sich nun der Besitzer an die Zubereitung der einzelnen Rezeptvorschläge begibt, sollte er prüfen, welche der vorgestellten Zutaten sein Pferd überhaupt mag. Nicht alle Pferde sind wild auf Apfelsinen oder Fenchel, manche mögen verschiedene Kräuter nicht, andere wiederum sind von Knoblauch nicht sehr begeistert.

Im Lauf der Zeit wird der Pferdehalter die verschiedenen Vorlieben seines Pferdes kennenlernen und danach die Lieblingssalatmischung oder das beliebteste Leckerli selber zubereiten. Die Rezepte sind so vielseitig, daß sich für jeden Pferdegaumen das richtige Menü finden wird.

Vorratsliste:
Um ganz schnell nebenbei ein paar Pferdeleckerlis oder -brötchen herstellen zu können, empfiehlt es sich, ein paar Zutaten der nachstehenden Liste auf Vorrat im Hause zu haben.

Vollkorn-Weizenmehl
Weizenkleie
Traubenzucker
Leinsamen
Sonnenblumenöl
Sonnenblumenkerne
Früchtemüsli
Backpulver
Glas Apfelmus
Semmelbrösel
Möhrensaft
Hirse
Sechskornmischung
Kräutermischung
Honig
Haferflocken
Früchtetee, Pfefferminztee

	Rote Bete	Spinat	Fenchel	Möhren
Januar				
Februar				
März				
April				
Mai				
Juni				
Juli				
August				
September				
Oktober				
November				
Dezember				

Zu zweit schmeckt alles besser, nicht nur das Weidegras.

DIE VERWENDETEN FUTTERMITTEL

Kastanien

Bei der in einheimischen Wäldern vorkommenden Kastanienart handelt es sich meist um die Roßkastanie, deren Früchte sehr bitter schmecken und für die Pferdefütterung nicht geeignet sind.

Dagegen liefert die Eßkastanie gerade zur Weihnachtszeit die beliebten Maronen, welche in geschälter Form an die Pferde verfüttert werden dürfen.

Nadelgehölze

Von den einheimischen Nadelgehölzen sollten nur die Tannen- und Fichtenzweige verfüttert werden. In der Kiefer und Lärche sind die Harzanteile sehr hoch. Niemals Eiben oder Zypressen füttern, da sie hochgiftig sind!

Obstbäume

Blätter und Zweige von Apfel, Birne und Kirsche werden gerne zur Nährstoffergänzung geknabbert.

Sträucher

In unseren Gärten wachsen viele unterschiedliche, teils exotische Sträucher. Da die einzelnen Wirkstoffe nicht bekannt sind, dürfen nur Zweige von Obststräuchern verfüttert werden. Bitte nur dornenlose Zweige anbieten, da es sonst zu Verletzungen im Mund- und Rachenraum des Pferdes kommen kann.

Weizenkleie

Weizenkleie hat einen leicht süßlichen Geschmack und eignet sich daher sehr gut zur Erstellung von Leckerlis in den unterschiedlichsten Geschmacksrichtungen. Da sie ein wenig abführend wirkt, ist eine genaue Einhaltung der vorgeschriebene Menge in den Rezepten wichtig.

Weizenkleie ist reich an Vitamin-B . Sie enthält eine große Menge an Ballaststoffen und fördert somit die Verdauung.

Leinsamen

Leinsamen hat ebenfalls verdauungsfördernde Eigenschaften und wirkt sich positiv auf die Darmtätigkeit aus, dazu trägt der hohe Fettgehalt von 33 Prozent bei.

Da Leinsamen in ungekochtem Zustand Blausäure enthält, darf pro Tag und Pferd nie mehr als 100 g verfüttert werden, daher sind auch hier die exakten Mengenangaben zu befolgen. Leinsamen enthält einen hohen Anteil an ungesättigten Fettsäuren und Eiweiß.

Sojaextraktionsschrot, Sojamehl

Sojaextraktionsschrot ist sehr eiweißhaltig (44 Prozent) und ist daher besonders für die Leckerlizubereitung für Fohlen geeignet.

Sonnenblumenkerne

Sonnenblumenkerne haben einen hohen Energie- und Eiweißgehalt und werden daher oft in Fertigfuttermischungen verwendet.
Die Kerne sind zudem reich an Vitamin E und liefern so einen wertvollen Beitrag in der Pferdeernährung.

Traubenzucker

Traubenzucher wird direkt in Energie umgewandelt und unterstützt den Konditionsaufbau im Pferdeorganismus.

Möhren

Möhren enthalten große Mengen an ß-Carotin, das von den Pferden in Vitamin A umgewandelt wird. Sie sollten immer im Zusammenhang mit Leinöl oder einem anderen Pflanzenöl verfüttert werden.

Mais

Mais ist ein hochwertiger Energieträger und ist in fast allen Fertigfuttermischungen enthalten.

Sonnenblumenöl

Sonnenblumenöl ist reich an Vitamin E und sollte stets bei der Fütterung von Möhren mit verabreicht werden.

Joghurt

Er wirkt unterstützend bei der Darmtätigkeit und fördert die Bildung spezifischer Darmbakterien.

VORSICHT GIFTPFLANZEN!

Die nachstehende Liste der Giftpflanzen erhebt keinen Anspruch auf Vollständigkeit!

Wer nun losmarschiert, für sein Pferd wohlschmeckende und gesunde Kräuter und Pflanzen für einen gesunden Salat zu sammeln, sollte sich wirklich nur der Pflanzen bedienen, die hier in diesem Buch vorgestellt wurden. Ihre Bekömmlich- und Verträglichkeit in den Salaten oder den Leckerlis bei Pferden ist bekannt, da diese in Verbindung mit den Rezeptzutaten bereits mehrfach verfüttert worden sind.

Selbstverständlich dürfen nicht so einfach die „hübschen bunten Blumen" aus dem Garten in den Salaten verwendet werden, denn darunter befinden sich viele giftige Gewächse. Und Vorsicht vor den Giftpflanzen (die eigentlich jedem Geländereiter gut bekannt sein sollten!), die nachstehend aufgeführt sind.

Pferde mit regelmäßigem Weidegang werden die in ihrer Umgebung vorkommenden Giftpflanzen nicht fressen, wenn ihr Hunger und Bedürfnis nach frischem Grün und Kräutern ausreichend befriedigt ist.

Ausnahmen können eintreten, wenn Pferde unter Nährstoff- oder allgemeinem Futtermangel leiden oder nur selten frisches Weidegras zur Verfügung

Eibe

haben. Unter solchen nicht pferdegerechten Haltungsbedingungen kann es vorkommen, daß sich diese Tiere gierig und unüberlegt auf alles stürzen, was grün ist. In dieser Gier wird auch nicht vor Giftpflanzen halt gemacht.

Vergiftungen bei Pferden erweisen sich meist als sehr schwerwiegend, da sich die Tiere aus anatomischen Gründen nicht übergeben können. Oft besteht Lebensgefahr! Deshalg ist eine tierärztliche Behandlung sofort einzuleiten, Eigenbehandlungen sind nur als Erstmaßnahme durchzuführen, bis der Tierarzt eintrifft.

Die Beseitigung der giftigen Substanzen aus dem Pferdeorganismus ist recht problematisch, in den meisten Fällen werden daher nur die Folgen einer Vergiftung behandelt.

Anzeichen einer Vergiftung durch giftige Pflanzen zeigen sich in Durchfall, Kolik, Krämpfen, nervösem und hektischem Verhalten, Lähmungen oder Lethargie.

Adonisröschen:

Adonisröschen stehen unter Naturschutz und dürfen schon aus diesem Grund nicht gepflückt werden, zudem sind alle Pflanzenteile stark giftig. Sie verursachen Kolik, Darmkrämpfe und Herzbeschwerden.

Besenginster:

Die Pflanze enthält Alkaloide, und sollte deshalb von Pferden unbedingt ferngehalten werden. Sie verursacht Erregungszustände und Lähmungserscheinungen.

Buchsbaum:

Der Buchsbaum wird häufig in Gärten als Heckeneinpflanzung verwendet. Blätter und Samen enthalten Alkaloide und sind stark giftig. Sie können Lähmungen und Koliken hervorrufen.

Buschwindröschen:

Die gesamte Pflanze enthält giftige Alkaloide und führt zu Magen- und Darmentzündungen, Durchfall, Herzschwächen und Nierenversagen.

Efeu:
Efeu enthält Hederin, es kann zu heftigem Durchfall und Kolik kommen.

Eibe:
Eiben sind immergrüne Nadelgewächse mit recht weichen, auf der Oberseite glänzenden Nadeln. Alle Teile dieser Pflanze sind sehr giftig, aber vor allem die Nadeln sind hochgiftig. Bereits kleinste Mengen können eine tödliche Wirkung zur Folge haben, der Tod tritt durch Atemlähmung ein.

Eisenhut:
Man hält ihn für die giftigste Pflanze Europas. Alle Pflanzenteile sind hochgiftig, besonders jedoch die Wurzeln und der Samen, sie enthalten das tödliche Gift Aconitin. Bei einer akuten Vergiftung tritt der Tod bereits nach ein bis drei Stunden ein.

Farnkraut:
Farnkraut wächst meist in Wäldern oder an Waldrändern. Die Vergiftungserscheinung tritt nicht sofort nach dem Fressen ein. Später auftretende Gleichgewichtsstörungen, Abmagern und Krämpfe sind Folgen dieser Vergiftung.

Fingerhut:
Der Fingerhut ist hochgiftig, obwohl er in der Medizin seine wertvolle Verwendung findet. Alle Pflanzenteile sind giftig, selbst in getrocknetem Zustand im Heu ist ihr Giftanteil gefährlich. Der Fingerhut enthält einige sehr giftige Glykoside, bereits zwei bis drei Gramm der getrockneten Blätter gelten als tödliche Dosis. Das Gift verursacht starke Herzrhythmusstörungen bis hin zum Herzstillstand.

Eisenhut

Fingerhut

Goldregen

Liguster

Goldregen:

Der Goldregen ist eine beliebte Gartenpflanze , bei der jedoch alle Pflanzenteile sehr giftig sind. Sie enthalten die toxischen Alkaloide Cystisin und Methylcystisin. Der Tod kann nach mehreren Stunden durch Lähmung der Atemwege eintreten. Desweiteren sind Kolik, Krämpfe und Durchfall typische Vergiftungserscheinungen.

Herbstzeitlose:

Die ganze Pflanze enthält das sehr giftige Alkaloid Colchicin, ein Zellgift, das ebenso heimtückisch ist wie Arsenik. Erst nach drei Stunden nach dem Fressen treten Vergiftungserscheinungen auf, die sich in Nahrungsverweigerung, Schweißausbruch, Kolik, Durchfall und Atemlähmungen zeigen können.

Liguster:

Blätter und Rinde der Ligusterhecke enthalten die Bitterstoffe Ligustron und Syringin. Die Folge bei Aufnahme ist Durchfall. Bei entsprechenden Mengen kann der Tod durch Kreislauflähmung eintreten.

Lupine:

Lupinen sind sehr eiweißreich, daher besteht die Gefahr einer Hufrehe bei übermäßigem Fressen dieser Pflanze. Die Samen enthalten Giftstoffe, die schwere Leberschäden verursachen können.

Maiglöckchen:

Die Pflanze enthält die giftigen Glykoside Convallatoxin und Convallosid. Sie verursachen schwere Vergiftungen, die bei größeren Mengen zum Tod des Pferdes führen können.

Robinien:

Robinien werden auch als falsche Akazien bezeichnet und leicht mit diesen verwechselt. Die Rinde enthält die giftigen Eiweißstoffe Robin und Phasin. Diese wirken sich schwächend auf den gesamten Organismus aus.

Stechapfel/Stechpalme:

Die gesamte Pflanze, jedoch besonders die Wurzeln und Samen, ist stark giftig. Sie verursacht Atemlähmungen, Schüttelkrämpfe und Hautreizungen.

Thuja:

Thujas sind meist in Gärten als Hecken angepflanzt und werden mit normalen Nadelgewächsen gleichgestellt. Doch Vorsicht! Die Folgen einer Vergiftung durch Thujagrün sind Kolik und Darmentzündungen und nicht ungefährlich.

Tollkirsche:

Die Pflanze ist sehr giftig. Sie enthält die Alkaloide Atropin, Hyoscycamin, Scompamalin und Apoatropin, alle sind tödliche Gifte. Der Tod tritt durch Lähmung der Atemwege ein.

Robinien

Stechapfel

Thuja

So sehen sie aus, die köstlich schmeckenden Apfelleckerlis.

LECKERLIS SELBST GEMACHT

Leckerlis für Pferde in Eigenregie herzustellen ist gar nicht so schwierig, wie manch einer denken mag. Sogar Kinder oder ungeübte Köche können innerhalb kürzester Zeit für ihren vierbeinigen Liebling gesunde und schmackhafte Leckereien zubereiten.

Jedoch sollte bei der Größe und Form der Kugeln und Bällchen darauf geachtet werden, daß sie nicht zu groß ausfallen, da sie sonst bei sehr gierigen Pferden nicht genügend gekaut oder vielleicht sofort verschluckt werden. Dabei kann es zu einer gefährlichen Schlundverstopfung kommen. Noch weitaus schlimmer ist es, wenn Futterbestandteile in die Luftröhre oder bis in die Lunge geraten, wo sie Erstickungsanfälle verursachen können.

In solch einem Fall sollte der Pferdekopf möglichst tief gehalten werden, damit der Speichel abfließen kann. Zusätzlich helfen leichte Massagebewegungen der Luft- und Speiseröhre in Richtung Kopf, den Futterklumpen zu lösen. Reagiert jedoch das Pferd mit heftigen Abwehrreaktionen oder verstärktem Würgen, sollte die Massage besser eingestellt werden. Aus diesen genannten Gründen sollten daher Äpfel nie im Ganzen gefüttert, sondern dem Pferd zumindest in zwei Hälften gegeben werden.

In den nachstehenden Rezepten wird ausschließlich Traubenzucker oder Honig zum Süßen der Leckerlis verwendet, daher sind auch möglichst zuckerfreie Zutaten (Müsli, Apfelkompott) beim Einkauf auszuwählen.

Den Leckerlis werden keine Konservierungsstoffe hinzugefügt, so beträgt die Haltbarkeit dieser frischen Leckerlis nur ein bis vier Tage wenn sie im Kühlschrank aufbewahrt werden. Ansonsten sollten sie noch am selben, spätestens jedoch am folgenden Tag verfüttert werden. Die Mengenangaben in den Rezepten sind deshalb nur für eine kleine Portion gedacht.

Die Verwendung von Müsli gibt den Kugeln oder Bällchen ihre Formbeständigkeit und die Kleie den nötigen Halt.

Die einzelnen Leckerlis können ganz speziell nach den geschmacklichen Vorlieben des Pferdes oder seiner gesundheitlichen Bedürfnisse hergestellt werden.

APFEL-MÜSLI-BÄLLCHEN

375 g Glas Apfelkompott mit Stückchen
200 g Früchtemüsli
150 g Weizenkleie
100 g Traubenzucker
50 g geschroteter Leinsamen

Beim Einkauf von Apfelkompott und Müsli sollte auf ungezuckerte Produkte geachtet werden. Kein Apfelmus verwenden, da die Teigmasse sonst zu breiig wird und sich nicht gut formen läßt. Die Zutaten werden nacheinander in eine Schüssel gegeben und gut vermengt. Anschließend werden pflaumengroße Bällchen aus diesem Teig geformt und auf ein mit Backpapier ausgekleidetem Blech gelegt. Die Backzeit beträgt bei 120 Grad ca. 35-45 Minuten im Gasofen. Vor dem Verfüttern gut abkühlen lassen.

Haltbarkeit: 3-4 Tage

Sind die alle für mich ganz allein?

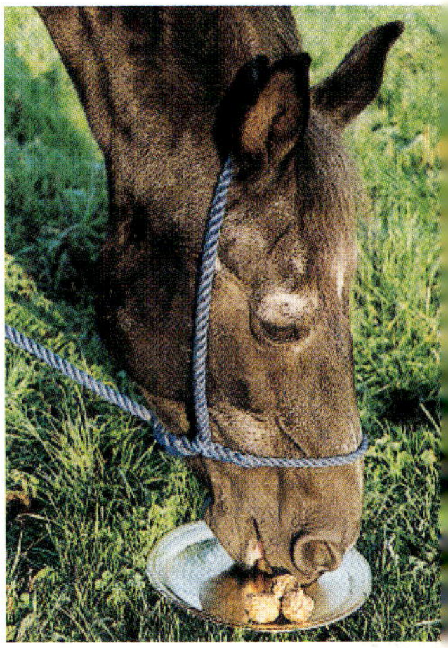

Und die schmecken so gut, wie sie aussehen.

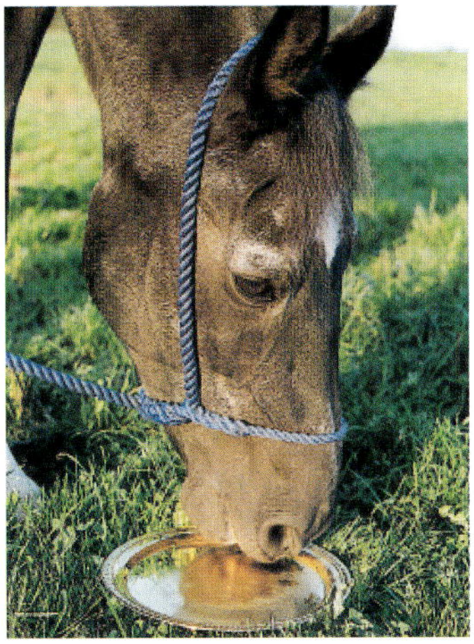

Oh wie schade, sie sind schon alle.

Ob ich wohl noch einen Nachschlag bekomme?

KNOBLAUCH-KUGELN

6 Knoblauchzehen
100 g Weizenkleie
100 g Semmelbrösel
300 g geraspelte Möhren
½ Glas Möhrensaft oder Wasser

Die Knoblauchzehen werden sehr klein geschnitten, jedoch nicht in der Knoblauchpresse ausgedrückt. Die Möhren werden geraspelt und alle Zutaten in einer Schüssel gut vermischt.

Damit der Teig nicht zu trocken wird, kann er mit Möhrensaft (wenn nicht vorhanden genügt auch Wasser) etwas verflüssigt werden. Ist er jedoch zu weich geworden, kann er mit der Beigabe von Haferflocken wieder fester gemacht werden.

Diese Zutaten werden zur Herstellung der Hirse-Möhren-Bällchen verwendet.

Den fertigen Teig in kleine Kugeln formen und im Backofen ca. 30-40 Minuten bei 100 Grad backen.

Diese Knoblauchkugeln sind im Sommer eine wertvolle Unterstützung im Kampf gegen die lästige Fliegenplage.

Nur leider sind nicht alle Pferde von dieser sinnvollen Leckerei begeistert in bezug auf den recht intensiven Knoblauchgeschmack. So gibt es Pferde, welche die Knoblauchzehen ohne Probleme sogar pur fressen, andere wiederum drehen angewidert von dem Geruch den Kopf weg.

Ausprobieren sollte der Pferdebesitzer dieses Rezept auf jeden Fall, da Knoblauch eine wertvolle Futterergänzung darstellt.

Haltbarkeit: 3-4 Tage

HIRSE-MÖHREN-BÄLLCHEN

1 kg *Möhren*
100 g *Hirse*
100 g *Weizenkleie*
100 g *Traubenzucker*
50 g *Früchtemüsli*
50 g *geschälte Sonnenblumenkerne*

Die Möhren werden geraspelt und mit allen anderen Zutaten in eine Schüssel gegeben und gut miteinander verknetet. Anschließend formt man mit angefeuchteten Händen (die Hirsekügelchen bleiben sonst kleben) tischtennisballgroße Bällchen und legt sie auf ein mit Backpapier ausgelegtes Blech. Die Backzeit beträgt bei 120 Grad ca. 35-45 Minuten im Gasofen. Vor dem Verfüttern gut abkühlen lassen.

Haltbarkeit: 3-4 Tage

APFEL-MÖHREN-STANGEN

5 große Möhren
3 große Äpfel
100 g Vollkornmehl
100 g Traubenzucker
50 g Früchtemüsli

Möhren und Äpfel werden fein geraspelt und mit den anderen Zutaten gut vermischt und zu fingerdicken, 20 cm langen Würstchen ausgerollt. Diese auf ein mit Backpapier ausgelegtes Blech verteilen und bei 100 Grad ca. 30 Minuten backen. Die fertigen Stangen gut abkühlen lassen.

Haltbarkeit: 3-4 Tage

Der Pfefferminzkuchen wird in der Pfanne zubereitet.

DER PFEFFERMINZ-KUCHEN

150 g Margarine
300 g Traubenzucker
100 g Honig
200 g Früchtemüsli
100 g Schmelzflocken

Margarine, Traubenzucker und Honig in einer großen, teflonbeschichteten Pfanne bei mittlerer Hitze langsam zum schmelzen bringen. Dabei ist darauf zu achten, daß die Masse nicht zu braun wird, da sie sonst bitter schmeckt und die Pferde dies nicht mögen. Wenn alles zu einer gut rührbaren Masse geworden ist, werden ca. 200 g Müsli und 100 g Schmelzflocken untergegeben. Erst ganz zum Schluß wird ca. 100 g frische, klein gehackte Pfefferminze leicht untergemengt.

Der kleine Loky probiert zuerst ganz vorsichtig den Pfefferminzkuchen, dann möchte er am liebsten alles gleich auf einmal fressen.

Nun ist der Pfefferminzkuchen fertig und sollte zum Abkühlen auf einem Stück Backpapier ausgebreitet werden. Achtung! Keine Alufolie verwenden, da der Kuchen erbarmungslos daran festklebt und sich das Ablösen als sehr schwierig gestaltet.

Haltbarkeit: 5 Tage

BANANEN-WEIZENKEIM-BÄLLCHEN

100 g *Weizenkeime*
3 *Bananen, mittelreif*
50 g *Früchtemüsli*
50 g *Haferflocken*
50 g *geschroteter Leinsamen*
80 g *Traubenzucker*

Die mittelreifen Bananen werden geschält und mit der Gabel zerdrückt, so daß ein Mus entsteht. Das Bananenmus wird zusammen mit den anderen Zutaten in einer Schüssel gut vermengt. Ist die Teigmasse zu trocken, wird sie mit etwas Wasser verflüssigt. Nun formt man Fünfmarkstückgroße Bällchen und legt diese auf ein Backblech. Bei 100 Grad werden sie etwa 30 Minuten gebacken.

Haltbarkeit: 2 Tage

NUß-RIEGEL

200 g *Margarine*
200 g *Traubenzucker*
4 Eßlöffel *Honig*
100 g *gemahlene Haselnüsse*
100 g *Sonnenblumenkerne*
200 g *Nuß-Früchtemüsli*

In einer großen teflonbeschichteten Pfanne wird die Margarine bei mittlerer Hitze geschmolzen. Anschließend wird nach und nach der Traubenzucker mit dem Honig beigefügt. Solange rühren, bis alles miteinander verschmolzen ist und einen zähen Brei ergibt. Nun werden die gemahlenen Haselnüsse, die Sonnenblumenkerne und das Nußfrüchtemüsli untergemengt.

Auf einem Backpapier wird diese zähe, recht klebrige Masse in 1 cm Dicke zum Abkühlen ausgebreitet. Nachdem die Masse gut abgekühlt ist, werden 3 cm breite und 10 cm lange Riegel daraus geschnitten, und fertig sind die Nußriegel. Übrigens, sie schmecken nicht nur den Pferden!

Haltbarkeit: 3-4 Tage

ROTE BETE-KUGELN

300 g *Rote Bete*
100 g *Weizenkleie*
100 g *Früchtemüsli*
120 g *Traubenzucker*
½ Tasse *Multivitaminsaft*

Die Rote Bete waschen und ungeschält in eine große Schüssel fein reiben. Anschließend werden die Kleie, das Müsli und der Traubenzucker nacheinander untergemengt. Diese Masse wird nun mit dem Fruchtsaft so verdünnt, daß ein gut formbarer Brei entsteht. Mit feuchten Händen werden jetzt die Kugeln geformt und im Backofen eine halbe Stunde bei 130 Grad gebacken. Leider hat man durch die Rote Bete hinterher etwas rotgefärbte Hände, dies läßt sich jedoch nach einigen Handwäschen leicht entfernen.

Haltbarkeit: 2 Tage

FUTTERBREI FÜR MEDIKAMENTE

Nur eine bittere Medizin ist eine gute Medizin. Vielleicht liegt in diesem Spruch viel Wahrheit, doch ist es oftmals recht schwierig, dies dem kranken Pferd verständlich zu machen, wenn es darum geht, ihm unangenehm schmekkende oder riechende Medikamente zu verabreichen.

Daher stehen viel Pferdebesitzer mit der Verabreichung eines vom Tierarzt verordneten Medikaments in Pulver-, Saft- oder Tablettenform recht hilflos und verlassen da, wenn die mit dem Medikament versehene Kraftfutterration vom Pferd unangerührt im Futtertrog liegen bleibt.

Die Tiere haben einen sehr fein ausgeprägten Geruchssinn und riechen den „Braten" sofort, den man ihnen da unterschieben will. Lieber verzichten sie auf die so sehnlichst erwartete Hafermahlzeit, als das unbekannte Etwas mitzufressen.

Da Pferde ja bekanntlich kleine Leckermäuler sind, kann mittels eines wohlschmeckenden Futterbreis die Medikamentengabe leicht gemacht werden.

Zuerst bekommt das Pferd natürlich nur eine kleine Portion von dem so gut riechenden Brei o h n e Medikament, und wenn es ihm dann so richtig schön schmeckt, folgt ein Löffelchen Brei, dem das Medikament beigemengt wurde. Eh' sich das Pferd der Täuschung bewußt wird, ist der Futterbissen mit der Medizin schon auf dem Weg zur weiteren Verarbeitung im Verdauungstrakt gelandet.

Vor der Auswahl einer der nachfolgenden Rezeptmischung für eine Medikamentenverabreichung sollte jedoch gewährleistet sein, daß das Pferd die dafür verwendeten Zutaten mag und solch einen Futterbrei akzeptiert. Es ist nicht sehr zweckmäßig, Kräuter oder Zutaten anzubieten, die das Pferd ohnehin nicht mag.

MINZE-MÖHREN-EINERLEI

1 kg *Möhren*
200 g *gequetschte Haferkörner*
100 g *kernige Haferflocken*
100 g *Traubenzucker*
100 g *frische Pfefferminze*
1 Liter *Pfefferminztee*

Die Möhren werden mit der Schale fein geraspelt und zusammen mit dem Hafer und den Haferflocken sowie dem Traubenzucker in einer großen Schüssel gut vermengt.

Nun wird in kleinen Mengen der Tee beigefügt, bis die Masse schön breiig geworden ist. Erst ganz zum Schluß werden die möglichst frischen Pfefferminzkräuter hinzugefügt.

Haltbarkeit: 1 Tag

Der Bananen-Hirse-Brei eignet sich gut zur Verabreichung unangenehm riechender und schmeckender Medikamente.

BANANENBREI MIT HIRSE

3 *Bananen*
200 g *Hirse*
100 g *Traubenzucker*
50 g *Rosinen (ungeschwefelt)*
1 Tasse *Früchtetee*

Die Bananen werden mit der Gabel ganz matschig zerdrückt, die Hirse und die Rosinen darunter gemischt und der Traubenzucker hinzugegeben.

Alles zusammen wird gut durchgemengt und anschließend mit dem Früchtetee zu einem dünnen Brei verrührt.

Haltbarkeit: 1 Tag

MÖHRENBREI MIT HONIG UND LEINSAMEN

1 kg *Möhren*
50 g *Leinsamen*
100 g *Schmelz-Haferflocken*
100 g *Honig*
1 Fl. *Möhrensaft*

Die Möhren werden mit Schale fein geraspelt, der Leinsamen und die Schmelzflocken beigegeben und alle Zutaten gut miteinander vermengt.

In diese Masse wird nun der Honig untergehoben und das Ganze mit dem Möhrensaft schön breiig gerührt.

Haltbarkeit: 1 Tag

APFELBREI MIT WEIZENKLEIE UND ROSINEN

1 Glas *Apfelmus 500 ml (zuckerfrei!)*
100 g *Weizenkleie*
1 Beutel *Rosinen*
50 ml *Leinöl*
1 Tasse *Früchtetee*

Anstelle des Apfelmus können auch 500 g fein geriebene Äpfel verwendet werden, jedoch geht es natürlich mit dem Apfelmus wesentlich schneller und kommt auf dasselbe hinaus. Es sollte aber darauf geachtet werden, nur ungesüßtes Mus zu verwenden.

Mus, Weizenkleie und Rosinen werden in einer Schüssel mit dem Leinöl gut vermischt.

Anschließend wird mit dem Früchtetee die Masse verdünnt, so daß ein mittelfester Brei entsteht.

Haltbarkeit: 1 Tag

BIRNENMUS IN SECHSKORN-KRÄUTERMISCHUNG

3 reife Birnen
oder ein Glas Birnenkompott
100 g *Sechskornmischung*
100 g *Schmelz-Haferflocken*
50 g *Brennesselkräuter*
50 g *Leinsamen*
1 Tasse *Früchtetee*

Die Birnen werden mit einer Gabel zu einem Mus zerdrückt und die Sechskornmischung untergerührt.

Dazu kommen die Haferflocken, die Kräuter und der Leinsamen.

Alles zusammen wird zu einem Brei vermengt, der mit dem Früchtetee dünnflüssig gerührt angesetzt wird.

Haltbarkeit: 1 Tag

SALATE DER SAISON

FIT INS FRÜHJAHR

Im Frühjahr überhäuft uns die Natur reichhaltig mit Blüten, die zu einem vitaminreichen Salat für Pferde angerichtet werden können. Frische Blätter der Laubbäume ergänzen mit vielen Wirkstoffen diese Salate auf vielfältige Weise.

Die jungen Blätter des Breit- und Spitzwegerichs sind das ganze Jahr über zu finden und gehören wegen ihres hohen Vitamingehalts in fast jede Salatzubereitung. Ebenso finden die jungen Blätter (nur Blätter, keine Zweige wegen der Dornen verwenden) von Obstgehölzen wie Himbeeren, Johannisbeeren oder Brombeeren einen sinnvollen Einsatz in Pferde-Frühjahrsalaten.

ORANGENFILETS IN WEIZENKEIMSAUCE

2 *Apfelsinen*
200 g *Weizenkeime*
200 ml *Multivitaminsaft*
50 g *geschroteter Leinsamen*
50 g *Früchtemüsli*

Die Apfelsinen werden geschält (niemals mit Schale zubereiten) und in Filets zerteilt. Aus den restlichen Zutaten wird eine dickflüssige Sauce zubereitet, bei Bedarf kann die Menge des Multivitaminsafts erhöht werden.

Nun werden die Orangenfilets vorsichtig unter die fertige Sauce gehoben.

Haltbarkeit: 1 Tag

APFELRINGLIS AUF HOLUNDERBLÜTEN

3 *große Äpfel*
50 g *Haferflocken*
100 g *Traubenzucker*
4 *Eßlöffel Honig*
200 *ml Holundertee*
10 *ganze Holunderblüten*
etwas frische Pfefferminze

Traubenzucker, Haferflocken und Honig werden mit dem Tee zu einem sämigen Brei gerührt. Die Äpfel werden in der Mitte ausgehöhlt und dann in 1 cm dicke Scheiben geschnitten.

In einer großen Schüssel werden die Holunderblüten auf dem Boden ausgelegt, die Apfelscheiben darauf gelegt. Abschließend wird der süße Brei über die Apfelringlis verteilt und die Pfefferminze darüber gestreut. Diese Zubereitung sollte noch am selben Tag an das Pferd verfüttert werden.

Haltbarkeit: 1 Tag

Holunderblüten ergeben zusammen mit Äpfeln eine gesunde und schmackhafte Frühjahrsleckerei.

BLÜTENSALAT AUF JUNGEN BIRKENBLÄTTERN

200 g *frische, junge Birkenblätter*
100 g *Gänsefingerkraut*
50 g *Löwenzahnblüten*
50 g *Gänseblümchenblüten*
50 g *Rosenblüten*
50 g *Holunderblüten*
100 g *Sonnenblumenkerne*
1 Tasse *Holundertee*

Die Birkenblätter werden in eine Schüssel gegeben und mit dem Holundertee vermischt.

Die Blüten werden gut mit den Sonnenblumenkernen vermengt und unter die Birkenblätter gegeben. Die Blätter der Gänseblümchen haben einen würzigen Geschmack und geben den Pferdesalaten den letzten Pfiff.

Dieser Salat ist sehr vitaminreich und sollte im Frühjahr einmal in der Woche auf der Speisekarte der Pferdefütterung stehen.

Haltbarkeit: 1 Tag

BANANEN IN LEINSAMEN-TRAUBEN-ZUCKERSAUCE

3 *reife Bananen*
200 g *frische Gänseblümchen (Blüte und Blatt)*
100 g *Traubenzucker*
50 g *geschroteter Leinsamen*
½ Tasse *Pflanzen- oder Leinsamenöl*
½ Tasse *Früchtetee*

Die Bananen werden geschält (nie die Frucht mit Schale verfüttern), in 1 cm dicke Scheiben geschnitten und mit den Gänseblümchen vermischt.

Aus dem Traubenzucker, dem Leinsamen, Öl und Tee wird die leckere Sauce zubereitet und über das Bananen-Gänseblümchengemisch verteilt.

Da geschälte Bananen sehr schnell braun und damit unappetitlich werden, muß dieser süße Fitmachersalat noch am selben Tag verfüttert werden.

Haltbarkeit: 1 Tag

MÖHRENSCHEIBEN IN PFEFFERMINZE

500 g *Möhren*
200 g *Pfefferminz*
100 g *Sechskornmischung*
½ Tasse *Pfefferminztee*
½ Tasse *Pflanzen- oder Leinsamenöl*

Die Möhren werden ungeschält in dünne Scheibchen geraspelt und in einer Schüssel mit der möglichst frischen Pfefferminze vermischt. Ist kein frisches Kraut vorhanden, kann auf getrocknete Kräuter zurückgegriffen werden. Dann muß jedoch eine ganze Tasse Tee beigefügt werden. Die Sechskornmischung, das Öl und der Pfefferminztee werden gut miteinander zu einem Dressing vermischt und über die Pfefferminzmöhren gegeben.

Haltbarkeit: 2 Tage

BRENNESSELSALAT IN JOGHURTSAUCE

500 g *frische Brennesselblätter*
100 g *Weizenkleie*
100 g *Traubenzucker*
3 *mittelgroße Äpfel*
2 Becher *Joghurt*
½ Tasse *Leinsamenöl*

Die frischen Brennesselblätter werden ca. 1 Stunde in kaltes Wasser gelegt und anschließend in der Salatschleuder gut getrocknet. Die Äpfel werden mit der Schale in kleine Würfel geschnitten und mit der Kleie und dem Traubenzucker vermischt. Nun werden in diese Masse die Brennesselblätter untergehoben. Der Joghurt wird zusammen mit dem Leinöl zu einer Sauce angerührt und über die Brennesselkräuter gegeben.

Haltbarkeit: 1 Tag

VITAMINE IM HERBST

Im Herbst erfolgt die Umstellung von der Weidezeit in die Stallhaltung und der Fellwechsel zum Winterfell, also extreme Belastungen für den Pferdeorganismus, der in dieser Zeit Höchstleistungen vollbringen muß.

Vitaminreiche Salatmischungen mit vielen Mineralien und Spurenelementen helfen nicht nur kranken, älteren und stoffwechselgeschwächten Pferden leichter über den Fellwechsel hinweg, sondern sie bewirken generell bei allen Pferden eine wertvolle Unterstützung des gesamten Stoffwechselhaushaltes zu dieser Jahreszeit.

Einige Zutaten dieser Herbstsalate können von den Pferdebesitzern in der Natur selbst gesammelt werden, einige Arten der vitaminreichen Blattpflanzen wachsen sogar in dem eigenen Hausgarten (sofern solch einer vorhanden ist), so daß nicht immer große Wanderungen zu den entsprechenden Orten des Vorkommens der gesuchten Pflanzen notwendig sind.

Eins versteht sich wohl von selbst: von Straßenrändern werden niemals Kräuter oder Blattpflanzen für den Pferdesalat geerntet, da hier die Schadstoffbelastung sehr hoch ist.

Zusammen mit den käuflich erworbenen Produkten ergeben die selbst gesammelten Kräuter ein schmackhaftes Potpourri für den Pferdegaumen.

Da ein Pferdemagen nicht so einfach mit einer Handvoll Blättchen und Kräutern zufrieden ist, sollte die Salatmenge mit sogenanntem Füllmaterial vergrößert werden.

Dazu kann Feldsalat, Löwenzahn, Brennessel, Spitz- oder Breitblattwegerich verwendet werden.

Zum Herbst läßt der Gehalt an Nährstoffen im Weidegras erheblich nach. Daher ist jetzt eine zusätzliche Versorgung mit Vitaminen und Mineralstoffen anzuraten. Dies ist vor allem dann wichtig, wenn nur noch ein Paddock als Auslauf zur Verfügung steht

BIRKEN-SALAT

300 g *Birkenblätter (dünne Zweige können mit verwendet werden)*
100 g *Spitzwegerichblätter*
2 *Äpfel*
50 g *Traubenzucker*
100 g *Früchtemüsli*
100 g *Haferflocken*
1 Tasse *Früchtetee*

Die Birken- und Spitzwegerichblätter werden gewaschen und in einer Salatschleuder entwässert. Die Äpfel werden mit der Schale in dünne Scheiben geschnitten und mit den Blättern vermischt. Traubenzucker, Müsli und Haferflocken werden in einer großen Schüssel (möglichst Plastik verwenden) unter Hinzufügen des Früchtetees vermengt und noch am selben Tag an das Pferd verfüttert.

Haltbarkeit: 1 Tag

Pferde knabbern gerne an Büschen und Bäumen mit nahrhaften Blättern. Besonders die Buchenblätter schmecken wohl recht gut, wie man sieht!

BUCHEN-SALAT

300 g *Buchenblätter*
100 g *Löwenzahnblätter*
500 g *Möhren*
200 g *Müsli*
50 g *Sonnenblumenkerne*
2 Eßlöffel *Traubenzucker*
1 Tasse *Früchtetee*
½ Tasse *Pflanzen- oder Leinsamenöl*

Die Buchen- und Löwenzahnblätter sind vor der Zubereitung gut mit Wasser auszuspülen und mit einer Salatschleuder zu trocknen. Die Möhren werden geraspelt und mit den Blättern leicht vermengt. Traubenzucker, Öl, Müsli und Sonnenblumenkerne werden in einer großen Schüssel (möglichst Plastik verwenden) unter Hinzufügen des Früchtetees vermischt und unter die Blätter-Möhrenmischung gegeben. Dieser Salat ist noch am selben Tag an das Pferd zu verfüttern.

Haltbarkeit: 1 Tag

HAGEBUTTEN-SALAT

100 g *frische Hagebutten*
100 g *frische Brennesselblätter*
100 g *Weizenkleie*
100 g *Früchtemüsli*
30 g *Sonnenblumenkerne*
4 *große Äpfel*
1 Tasse *Früchtetee*

Sind keine frischen Hagebutten zur Hand, können ebenso getrocknete Früchte für diesen Salat verwendet werden.

Frisch gepflückte Hagebutten dagegen werden gründlich gewaschen und in einem Tuch getrocknet. Die Äpfel werden mit der Schale in mittelgroße Würfel geschnitten.

Alle Zutaten werden nacheinander in einer großen Schüssel vorsichtig miteinander vermischt.

Haltbarkeit: 1 Tag

Obstbaum-Blattsalat

300 g *Blätter*
von ungespritzten (!) Obstbäumen
500 g *Möhren*
3 *große Äpfel*
100 g *Traubenzucker*
50 g *Sonnenblumenkerne*
1 Tasse *Früchtetee*
½ Tasse *Pflanzen- oder Leinsamenöl*

Die selbstgemachten Salate serviert man den Pferden am besten in einer großen Plastiksalatschüssel. Glasschüsseln sind aus Gründen der Verletzungsgefahr bei Bruch nicht zu verwenden.

In eine große Schüssel paßt ein Pferdemaul gut hinein und das Pferd kann genüßlich seinen Salat auffressen.

Die Blätter sollten vor der Zubereitung gewaschen werden, auch wenn die Pferde auf der Weide das Laub ungewaschen fressen. Doch soll mit dem Abwaschen vermieden werden, daß sich eventuell vorhandene Insekten oder Ungeziefer unter den Laubblättern in der Küche ungewollt verbreiten. Die Möhren werden in dünne Scheiben geraspelt, die Äpfel ebenfalls. Dies wird alles zusammen in einer großen Schüssel gut vermischt, anschließend gibt man den Traubenzucker, das Öl mit den Sonnenblumenkernen dazu. Damit sich das Ganze etwas miteinander verbindet, wird zum Schluß eine Tasse Früchtetee darüber gegossen.

Haltbarkeit: 1 Tag

Rote Bete-Birnen-Eintopf

3 große reife Birnen
4 Rote Bete-Knollen
100 g *Weizenkleie*
100 g *Haferflocken*
50 g *geschroteter Leinsamen*
1 Tasse *Früchtetee*

Die Birnen und die Rote Bete-Knollen werden mit der Schale in 1 cm große Würfel geschnitten und in eine große Schüssel gegeben.

Weizenkleie, Haferflocken und Leinsamen werden untergemischt und mit dem Tee zu einem leckeren „Eintopf" verrührt.

Haltbarkeit: 1 Tag

Selbst wenn den Pferden im Winter auf den verschneiten Weiden ein Auslauf gewährt wird, ist das bißchen Gras unter der Schneedecke nicht sehr gehaltvoll an Mineralien, sie müssen über das Futter zusätzlich ergänzt werden.

Fenchel in Semmelbrösel

2 *Fenchelknollen*
4 *große Möhren*
50 g *Semmelbrösel*
50 g *Weizenkleie*
½ Tasse *Möhrensaft*

Die Fenchelknollen (ohne Kraut) werden in 1 cm große Würfel geschnitten. Die Möhren werden gerieben und mit den Semmelbröseln, der Weizenkleie und dem Möhrensaft zu einer mittelfesten Masse verrührt. Darin werden nun die Fenchelwürfel gewälzt und noch am selben Tag an das Pferd verfüttert.

Dieses Rezept kann wahlweise auch mit Birnenstücken zubereitet werden, wenn das Pferd keinen Fenchel mag.

Haltbarkeit: 1 Tag

Gesund durch den Winter

In den Wintermonaten wird zwar vielen Pferden ein regelmäßiger Auslauf auf einem Paddock oder einer Winterweide gewährt, die jedoch keine abwechslungsreiche Futterversorgung wie in der Sommerzeit auf der Wiese bieten.

So beschränkt sich in dieser ungemütlichen Jahreszeit die Futterversorgung allein auf das Rauhfutter und die Kraftfutterration.

Deshalb freuen sich die Pferde im Winter ganz besonders über einen leckeren Imbiß zwischendurch, zumal wenn es sich um einen frischen, knackigen Salat handelt.

Dieser liefert in den Wintermonaten eine wertvolle Ergänzung an Mineralstoffen, Spurenelementen und Vitaminen für den Pferdeorganismus, der von dieser Vielfalt an Nahrungsmitteln in den nachstehenden Rezepten profitiert. Bevor sich nun der Besitzer an die Zubereitung der einzelnen Wintersalate begibt, sollte er vorab im einzelnen prüfen, ob sein Pferd die verschiedenen Zutaten mag.

Nicht alle Pferde sind wild auf Apfelsinen oder Fenchel, andere wiederum sind von Knoblauch nicht begeistert. Im Lauf der Zeit wird der Pferdehalter die verschiedenen Vorlieben seines Pferdes kennenlernen und danach die Lieblingssalatmischungen erstellen.

APFELSINEN IN ANIS

200 g *Feldsalat oder Löwenzahnblätter*
2 *Apfelsinen*
100 g *Aniskräuter*
2 *Äpfel geraspelt*
1 Beutel *ungeschwefelte Rosinen*
½ Tasse *Leinsamenöl*

Die Apfelsinen werden geschält und in einzelne Scheiben geteilt. Der Feldsalat (oder Löwenzahn) wird in einer großen, flachen Plastikschüssel auf den Boden verteilt.

Darauf werden die geraspelten Äpfel und die Rosinen gestreut. Nun legt man die Apfelsinenscheiben gleichmäßig verteilt auf diese Mischung und gibt die Aniskräuter darüber.

Zum Schluß wird die Tasse Leinsamenöl auf den Salat getröpfelt.

Haltbarkeit: 1 Tag

APFEL-ROTE BETE-EINERLEI

200 g *Feldsalat oder Löwenzahnblätter*
3 *große Äpfel*
3 *mittlere Rote Beteknollen*
2 *große Möhren*
50 g *Sonnenblumenkerne*
50 g *Weizenkleie*
½ Tasse *Leinsamenöl*

Die Äpfel (ungeschält, aber gut gewaschen) werden geraspelt, die Rote Bete in Würfel geschnitten und die Möhren in dicke Scheiben geteilt.

Zusammen mit der Weizenkleie und den Sonnenblumenkernen wird alles zusammen in einer Schüssel gut vermengt.

Anschließend wird der Feldsalat oder Löwenzahn untergehoben und das Leinsamenöl darüber gegossen.

Haltbarkeit: 1 Tag

Rote Bete, Möhren und Äpfel sind besonders in den Wintermonaten wertvolle Vitaminspender und sollten abwechselnd täglich mit der Kraftfutterration angeboten werden.

MÖHRENSTÜCKCHEN AUF FENCHEL GELEGT

1 kg *Möhren*
2 *Fenchelknollen*
3 *Knoblauchzehen*
2 Eßlöffel *Honig*
50 g *Traubenzucker*
½ Tasse *Leinsamenöl*

Die Fenchelknollen (ohne Kraut) werden in dünne Scheiben geschnitten und die Möhren und der Knoblauch geraspelt darüber gegeben. Aus dem Honig, Traubenzucker und Leinsamenöl wird ein Dressing hergestellt und über die Fenchel-Möhrenmischung verteilt. Nach Belieben kann dem Dressing 50 g geschroteter Leinsamen beigefügt werden.

Wenn Pferde den frischen Knoblauch in ihrer Mahlzeit nicht mögen, wird er bei diesem Rezept einfach weggelassen.

Wahlweise kann bei diesem Rezept der Fenchel gegen Löwenzahnblätter ausgetauscht werden, wenn das Pferd den Fenchel nicht mag.

Haltbarkeit: 1 Tag

Die „Pferde-Salate" sehen so appetitlich aus, daß vielleicht auch mal ein Reiter daran naschen möchte, denn die Zutaten sind gesund und schmackhaft.

MARONEN-BIRNEN-POTPOURRI

100 g *Maronen (Eßkastanien)*
2 *dicke, reife Birnen*
100 g *Haferflocken*
1 Tüte *ungeschwefelte Rosinen*
½ Tasse *Hagebuttentee*

Die Maronen werden geschält und in dünne Scheiben geschnitten. Die gewaschenen Birnen werden mit Schale in kleine Würfel geschnitten und zusammen mit den Maronen, den Haferflocken und Rosinen in einer Schüssel gut vermischt.

Damit das Ganze etwas sämiger wird, gibt man eine halbe Tasse abgekühlten Hagebuttentee (oder nach Belieben einen anderen Früchtetee) darüber.

Haltbarkeit: 1 Tag

APFELSINEN-APFELSCHEIBEN IN PFEFFERMINZSAUCE

Das sieht aber lecker aus, ob ich das wohl mal probieren darf?

2 *Apfelsinen*
3 *Äpfel*
100 g *Pfefferminzkräuter*
50 g *Thymiankräuter*
50 g *Traubenzucker*
4 Eßlöffel *Honig*
50 g *Weizenkleie*
1 Tasse *Pfefferminztee*

Die Apfelsinen werden geschält und in Scheiben geteilt und die Äpfel gewaschen, jedoch ungeschält in Scheiben geschnitten. Beides wird zusammen in eine Schüssel gegeben.

Da frische Kräuter während der Winterzeit sehr schwierig zu bekommen und dann auch recht teuer sind, reicht es aus, getrocknete Kräuter zu verwenden.

Die Kräuter, den Honig mit Traubenzucker und die Weizenkleie zusammen mit der Tasse Pfefferminztee zu einer sämigen Sauce rühren. Diese nun über die Obstscheiben geben.

Haltbarkeit: 1 Tag

Für Fohlen ist eine Futterergänzung mit Kalzium und eiweißreichen Nahrungsmitteln für ein gesundes Wachstum unverzichtbar.

LECKEREIEN FÜR DIE KLEINSTEN

Fohlen benötigen in den ersten Monaten ihres Lebens für ein gesundes Knochenwachstum besonders viel Kalzium. Die im Fachhandel speziell dafür hergestellten Produkte werden von den kleinen Pferdebabys nicht immer gerne „solo" gefressen. Besser geht es mit den nachstehenden, selbstgemachten leckeren Kalzium-Plätzchen, in denen das Kalziumpräparat untergemischt ist. So kann es dem Fohlen leicht verfüttert werden, weil ihm diese Plätzchen sehr gut schmecken.

Neben dem Kalzium haben die kleinen Pferdebabys einen hohen Bedarf an Vitamin B, das ebenfalls in Form eines leckeren Sojaschrotriegels leicht an den Pferdenachwuchs gefüttert werden kann.

KALZIUM-PLÄTZCHEN

100 g *Vollkorn Weizenmehl*
100 g *Weizenkleie*
100 g *Kalzium-Präparat für Pferde*
100 g *Traubenzucker*
3 *große Äpfel*
50 g *Sonnenblumenkerne*
1 Tasse *Leinsamen- oder Pflanzenöl*
1 Tasse *Früchtetee*

Mehl, Kleie, Traubenzucker und das Kalzium-Präparat werden gut miteinander vermischt.

Die Äpfel werden ungeschält fein geraspelt, wahlweise kann auch ein 400 g Glas zuckerfreies Apfelkompott verwendet werden.

Nun werden diese Zutaten miteinander verknetet, die Sonnenblumenkerne, das Öl und der Tee nacheinander hinzugefügt, es soll ein mittelfester Teig daraus entstehen. Dieser Teig wird nun auf einem mit Mehl bestäubten Brett zu einer 5 cm dicken Wurst gerollt und anschließend in 1 cm dicke Scheiben geschnitten.

Die Scheiben werden auf ein mit Backpapier ausgelegtes Backblech gelegt und rund 45 Minuten bei 120 Grad Celsius im vorgeheizten Backofen getrocknet.

Die fertigen Plätzchen dürfen erst im abgekühlten Zustand verfüttert werden. Die Mengenangaben sind für eine Ration von zwei Tagen für ein Fohlen bis 6 Monate gedacht.

Haltbarkeit: 2-3 Tage

Die kleinen Pferdebabys mögen die Leckereien besonders gerne, wenn sie mit süßen Äpfeln zubereitet werden.

SOJA-SNACK

200 g *Sojaschrot*
(im Reformhaus erhältlich)
100 g *Haferflocken*
50 g *Sechskornmischung*
50 g *Sonnenblumenkerne*
200 g *Sonnenblumenmargarine*
100 g *Traubenzucker*
4 Eßlöffel *Honig*

In einer großen teflonbeschichteten Pfanne wird die Margarine bei mittlerer Hitze geschmolzen. Anschließend wird nach und nach der Traubenzucker und der Honig beigefügt.

Solange die Zutaten rühren, bis alles miteinander verschmolzen ist und einen zähen Brei ergibt. Nun werden Sojaschrot, Haferflocken und die Kerne gründlich untergemengt.

Wird die Masse zu fest, kann sie mit etwas Pflanzenöl verdünnt werden. Auf einem Backpapier wird diese zähe, recht klebrige Masse zum Abkühlen ausgebreitet. Nachdem die Masse gut abgekühlt ist, werden 3 cm große Ecken daraus geschnitten, und fertig ist der Soja-Snack für Fohlen. Diese Menge ist für drei Tage ausreichend.

Haltbarkeit: 3-4 Tage

Die Weide ist mit ihrer oft einseitigen Vegetation für eine ausgewogene Mineralstoffversorgung für Fohlen als alleinige Nahrungsquelle nicht ausreichend.

LECKEREIEN FÜR DIE ZUCHTSTUTE

Während der Trächtigkeit und Säugezeit hat der Stutenkörper eine Menge zu leisten; der Stoffwechsel läuft auf Hochtouren und benötigt eine zusätzliche Versorgung mit Vitaminen und Nährstoffen, so daß die ungeborenen Babys gesund und kräftig im Mutterleib heranwachsen können.

Nach der Geburt muß die Stute für ihr Fohlen ausreichend nahrhafte Milch produzieren, und auch jetzt fordert der Organismus ein Maximum an Nähr- und Mineralstoffen. So reicht die Weidefütterung häufig nicht aus, eine nahrhafte und ausreichende Versorgung der Stute mit allen notwendigen Stoffen zu gewährleisten.

Mit kleinen, selbstgemachten Leckereien, die genau die Stoffe beinhalten, die die Stute während dieser Zeit vermehrt benötigt, kann eine gesunde Futterergänzung erreicht werden.

Einer der wichtigsten Stoffe für die Stute ist das ß-Carotin, ein sogenanntes Provitamin, die Vorstufe des Vitamin A. ß-Carotin wird körpereigen in den Darmzellen zu Vitamin A umgewandelt und vom Organismus aufgenommen.

Ein Vitamin A-Mangel bei Zuchtstuten kann die Aufnahme nach dem Decksprung verhindern oder gar zum frühzeitigen Absterben des Fötus (Abort) führen.

Während der Winterzeit bei Heufütterung ist die ausreichende Carotinversorgung nicht gegeben, da der Carotingehalt im Heu wesentlich geringer als

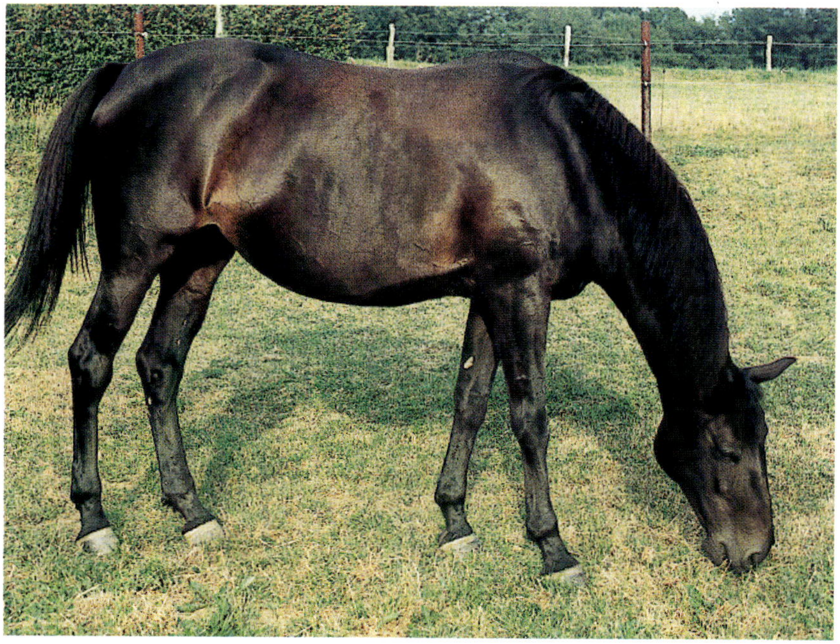

Die Zuchtstute benötigt bereits vor dem Decksprung eine zusätzliche Versorgung mit Vitamin A.

Ein gesunder „Stutensalat" beinhaltet alle wichtigen Stoffe, die eine werdende Mutter braucht. Er sollte zu allen anderen Zutaten unbedingt die Pflanze „Frauenmantel" enthalten.

im Weidegras ist und während der Lagerung weiterhin ständig abnimmt. Mit frischen Möhren (ergänzend mit Pflanzenöl) kann hier die Versorgung mit dem so notwendigen Vitamin A wesentlich verbessert werden.

Ebenso ist die vermehrte Gabe von Vitamin E anzuraten, da sich dies günstig auf die Produktion des Kolostrums (die erste Stutenmilch nach der Geburt) auswirkt und das Fohlen direkt nach der Geburt keine ausreichenden Reserven an diesen Vitaminen hat.

Zutaten wie Leinsamen, Weizenkleie, Sonnenblumenkerne wirken sich positiv auf vorhandene Darmträgheit aus, an der tragende Stuten häufig zu leiden haben.

Säugende Stuten haben einen hohen Bedarf an Eiweiß und Energie in ihrer Futterration, so daß dies ebenfalls mit Extraleckereien ergänzt werden kann.

Dazu gehören in erster Linie die Bierhefe, da sie sehr eiweißhaltig ist, und das Pflanzenöl, weil dies ein wertvoller Energielieferant ist.

Während der Säugezeit muß der Organismus der Stute Höchstleistungen vollbringen und ist für jede zusätzliche Versorgung mit Vitaminen und Mineralstoffen dankbar.

STUTEN-SALAT MIT KRÄUTERN

1 kg *Äpfel*
200 g *Weizenkleie*
50 g *geschroteter Leinsamen*
50 g *Sonnenblumenkerne*
100 g *getrocknetes oder frisches Frauenmantelkraut*
80 g *frischer Thymian*
1 Tasse *Sonnenblumenöl*

Die ungeschälten Möhren und Äpfel werden in dünne Scheiben geraspelt und in eine große Schüssel gegeben. Dazu fügt man die Weizenkleie, den Leinsamen, die Sonnenblumenkerne und das Sonnenblumenöl. Alles wird gut miteinander vermischt, so daß das Öl an allen Zutaten gleich verteilt ist. Erst zum Schluß werden die Kräuter leicht untergemengt.

Manche Stuten mögen keinen Thymian, so wird er einfach weggelassen oder durch Brennesselkraut ersetzt.

Haltbarkeit: 2 Tage

CAROTINCHEN-WÜRFEL

200 g *Sonnenblumenmargarine*
100 g *Traubenzucker*
100 g *Weizenkleie*
100 g *Sonnenblumenkerne*
100 g *Haferflocken*
4 Eßlöffel *Honig*
100 g *Mineralfutter*
mit hohen ß-Carotingehalt

Die Margarine wird in der Pfanne bei mittlerer Hitze langsam geschmolzen, der Traubenzucker und Honig hinzugegeben.

Die Sonnenblumenkerne sollten leicht geraspelt werden, können aber auch im Ganzen verarbeitet werden, dann sind die Würfel von der Konsistenz her bröseliger.

Nachdem die Margarine weich und der Zucker geschmolzen ist, werden die restlichen Zutaten, außer dem Mineralfutter, nacheinander hinzugegeben und miteinander verrührt.

Wenn alles zusammen eine gut vermischte, klebrige Masse ergeben hat, wird das Mineralfutter hinzugegeben. Nun wird die Masse auf einem Backpapier ausgebreitet und in 2 cm große Würfel geschnitten.

Diese (leicht klebrigen) Leckerwürfel müssen vor dem Verfüttern gut abkühlen.

Haltbarkeit: 3 Tage

BIERHEFE-BÄLLCHEN

3 *große Möhren*
2 *große Äpfel*
100 g *Weizenkleie*
50 g *geschroteter Leinsamen*
100 g *Bierhefe*
1 Tasse *Pflanzenöl*
100 g *Kamillenblüten*

Die ungeschälten Möhren und Äpfel werden fein geraspelt und mit den restlichen Zutaten außer der Kamille in einer großen Schüssel zu einer mittelfesten Masse gut vermengt.

In diesen Teig werden nun die Kamillenkräuter hinzugegeben und leicht untergehoben. Wird der Teig nun zu fest, kann er mit etwas Wasser wieder verdünnt werden.

Mit angefeuchteten Händen werden nun kleine Bällchen geformt und auf ein Backblech gelegt.

Bei 100 Grad im Umluftgasherd werden die Kugeln ca. 30-45 Minuten getrocknet.

Haltbarkeit: 2 Tage

Ältere Pferde haben einen besonders hohen Bedarf an gehaltvollen Futtermitteln, da ihr Organismus die Nährstoffe nicht mehr voll auswerten kann. Verschiedene Altersleiden, z. B. Arthrose, können mit speziellen Präparaten gelindert werden.

LECKEREIEN FÜR ÄLTERE PFERDE

Speziell ältere Pferde brauchen bei auftretenden Alterserkrankungen wie zum Beispiel Arthrose, chronischem Husten oder rheumatischen Beschwerden zusätzliche Futtermittel, oder Kräuter, die diese Leiden lindern oder deren Fortschreiten ein wenig aufhalten.

Da diese Mittel in purer Form von den Pferden nicht immer bereitwillig angenommen werden, ist die Zubereitung von Leckerlis mit diesen Zusätzen eine gute Lösung.

Die Gelatine-Praline ist eine leckere Variante, um das nicht gerade schmackhafte Gelatinepuler dem Pferd zu verabreichen. Streut der Pferdebesitzer das Pulver einfach unter die Kraftfutterration, läßt das Pferd unter Umständen diese Mahlzeit unangerührt im Futtertrog liegen, wogegen die „Praline" gerne gefressen wird.

Die Anti-Arthrose-Kugeln enthalten eine durchdachte Mischung von Kräutern gegen die schmerzhaften Arthrosebeschwerden.

In Verbindung mit Apfelmus nehmen die Pferde diese leckeren Kugeln gerne auf.

GELATINE-PRALINE

100 g *reines Gelatineprodukt*
(Dosis für zwei Tage)
3 *reife Bananen*
100 g *Weizenkleie*
50 g *Traubenzucker*
5 Eßlöffel *Honig*
½ Tasse *Leinsamen- oder Pflanzenöl*

Zuerst werden die reifen Bananen mit einer Gabel zu einem weichen Brei gut zerdrückt.

In diesen Brei werden nun das Gelatinepulver, die Weizenkleine und der Traubenzucker untergemischt, und alles wird gut verrührt.

Zum Schluß gibt man den Honig und das Leinsamenöl hinzu, um eine gut formbare Masse zu erhalten; je nach Bedarf kann die Ölmenge erhöht werden.

Mit zwei angefeuchteten Kaffeelöffeln werden aus diesem Brei kleine kegelförmige Pralinen erstellt, die im Backofen bei 100 Grad 45 Minuten leicht gebacken werden.

Die Gelatinemenge von 100 g ist die zu verabreichende Dosis für zwei Tage.

Haltbarkeit: 2-3 Tage

ANTI-ARTHROSE-KUGELN

300 g *einer speziell*
zusammengemischten
Arthrose-Kräutermischung
1 Glas *Apfelmus*
ca. 400 g (möglichst ungezuckert)
100 g *Weizenkleie*
200 g *Haferflocken*
½ Tasse *Pflanzen- oder Leinsamenöl*

Diese Kräutermischung sollte folgende Kräuter enthalten und kann in der Apotheke nach diesen Angaben gemischt werden (pro Kraut etwa 150 g, Gesamtmenge etwa 1 kg Kräuter):

Zinnkraut, Brennessel, Stiefmütterchenkraut, Teufelskralle, Weidenrinde, Kamille, Johanniskraut.

Die Weizenkleie und die Haferflocken werden gut mit dem Apfelmus und Öl vermischt.

Wenn dies alles zusammen eine leicht weiche Masse ergeben hat, wird die Kräutermischung untergehoben. Wenn die Masse zu fest geworden ist, kann sie mit etwas Früchtetee verdünnt werden.

Nun formt man daraus pflaumengroße Kugeln, legt sie auf ein mit Backpapier ausgelegten Backblech und läßt sie bei 120 Grad eine Stunde im Backofen trocknen.

Haltbarkeit: 3 Tage

MASH

Alle Pferde mögen es sehr, wenn auf ihrem Speiseplan hin und wieder mal eine Mash-Mahlzeit zu finden ist und der (dann etwas reduzierten) Kraftfutterration hinzugefügt wird.

Dies ist besonders während der kalten Wintermonate eine willkommene und gesunde Abwechslung. Besteht im Sommer ein Tag- und Nachtweidegang auf guten, futterreichen Wiesen, kann in dieser Jahreszeit die Mash-Fütterung auf einmal vierzehntägig reduziert werden.

Mash, ein diätetisches Futtermittel, wird als fertige Mischung (Instant-Mash) von verschiedenen Herstellern angeboten, kann aber nach den folgenden Rezepten leicht selbst zubereitet werden.

Mash wird von allen Pferden sehr gerne gefressen, ist schmackhaft und gut verdaulich. In noch lauwarmem Zustand (Vorsicht! Gut umrühren, der Brei kann in der Mitte noch recht heiß sein!) wird dieser Futterbrei dem Pferd in den Futtertrog gegeben, denn warm mögen ihn die Pferde besonders gerne.

Der Vorteil einer warmen Mashmahlzeit liegt in der leichten Verdaulichkeit, in seinen gehaltvollen Inhaltsstoffen, und er hilft schwerfuttrigen Pferden, ihren Körper fit und kräftig zu halten.

Der Appetit wird angeregt sowie der Verdauungsvorgang und der Stoffwechselkreislauf unterstützt. Der Organismus wird mit leicht verwertbaren, bekömmlichen Nährstoffen versorgt.

Die Darmschleimhaut wird geschont und das Verhältnis einer biologisch ausgewogenen Darmflora erhalten.

MASH PUR

1 kg *Weizenkleie*
1 kg *gequetschter Hafer*
500 g *Haferschrot*
300 g *abgekochter Leinsamen*
300 g *Maisflocken*
50 g *Jodsalz*
100 g *Mineralfutter*
1 Liter *Wasser*
oder Früchte-/Kräutertee

Zuerst wird der Leinsamen gut abgekocht, wenn kein speziell für Pferde hergestelltes Produkt verwendet wird. Anschließend wird er abgesiebt und mit der Weizenkleie, dem Hafer, Haferschrot und den Maisflocken gut vermischt.

Dies wird zusammen mit dem Jodsalz und dem Früchtetee (oder Wasser) verdünnt und kurz aufgekocht. Erst zum Schluß wird das Mineralfutter hinzugegeben.

Haltbarkeit: 1 Tag

Die Grundsubstanz des Mash ist Weizenkleie, Hafer oder Haferschrot und Leinsamen.

Dazu kommen immer 50 g Jodsalz und 100 g Mineralfutter, welches erst nach dem Abkühlen untergemischt wird, da sonst die Mineral- und Vitaminstoffe durch das aufkochende Wasser zerstört werden.

Die zusammengemischten Zutaten werden mit sehr heißem, aber nicht mehr kochendem Wasser übergossen, bis alles gut bedeckt ist. Anschließend wird alles gut umgerührt und eine gute halbe Stunden stehen gelassen.

Bei einer Leinsamenbeigabe über 200 g muß der Leinsamen unbedingt vorher gut abgekocht werden, um darin enthaltene giftige Blausäurebestandteile zu vernichten. Es gibt ein extra für die Pferdefütterung zubereitetes Leinsamenprodukt, das auch in größeren Mengen unbedenklich verfüttert werden kann, da ihm durch ein spezielles Verfahren der Blausäureanteil entzogen wurde.

SÜSSER MASH

1 kg *Weizenkleie*
½ kg *Haferschrot*
300 g *abgekochter Leinsamen*
300 g *Traubenzucker*
300 g *Sonnenblumenkerne*
50 g *Jodsalz*
100 g *Mineralfutter*

MASH MIT ROTER BETE

1 kg *Weizenkleie*
½ kg *Hafer*
300 g *Maisflocken*
200 g *gekochter Leinsamen*
1 kg *geraspelte Rote Bete*
50 g *Jodsalz*
100 g *Mineralfutter*

MASH MIT MÖHREN

1 kg *Weizenkleie*
½ kg *Haferschrot*
1 kg *geraspelte Möhren*
300 g *gekochter Leinsamen*
50 g *Jodsalz*
100 g *Mineralfutter*

MASH MIT APFEL

1 kg *Weizenkleie*
½ kg *Hafer*
1 kg *geraspelte Äpfel*
200 g *gekochter Leinsamen*
50 g *Jodsalz*
100 g *Mineralfutter*

Mash mit Kräutern

1 kg *Weizenkleie*
1 kg *Haferschrot*
200 g *Sonnenblumenkerne*
200 g *gekochter Leinsamen*
200 g *Kräutermischung*
50 g *Jodsalz*
100 g *Mineralfutter*

Mash mit Bananen

1 kg *Weizenkleie*
½ kg *Haferschrot*
1 kg *gequetschte Bananen*
300 g *gekochter Leinsamen*
50 g *Jodsalz*
100 g *Mineralfutter*

Vor der Zubereitung von Mash mit Banane oder Roter Bete ist es ratsam zu testen, ob das Pferd diese Futtermittel überhaupt mag; wenn es sie vorher schon gewohnt war, wird es keine Probleme geben. Zu bedenken ist bei selbst zubereitetem Mash, daß der Kosten- und Arbeitsaufwand wesentlich höher liegt als bei fertig gekauftem Mash.

Hier besteht natürlich die Möglichkeit, Möhren, Äpfel, Rote Bete und Bananen in zerkleinerter Form sowie eine Ration Traubenzucker zusätzlich beizufügen.

Der Sinn in der Zerkleinerung dieser Futtermittel liegt in der besonders guten Verdaulichkeit und Verwertbarkeit der Nährstoffe und Vitamine.

Die Zutaten für den „Energieriegel" sind vielseitig, schmackhaft und vor allen Dingen sehr energiehaltig und für zusätzliche Leistungsanforderungen gut geeignet.

STÄRKUNGSRIEGEL

NACH LEISTUNG ODER KRANKHEIT

In der Pferdehaltung kommt es immer wieder zu Anlässen, nach denen die Pferde mit stärkenden Ergänzungsfuttermitteln versorgt werden müssen. Dazu zählen hohe Leistungsanforderungen in Form von Trainingsarbeit, Turnieren oder längeren Wanderritten. Ebenso sind nach überstandener Krankheit zusätzliche Futtermittel für eine schnellere Rekonvaleszenz sinnvoll anzuwenden.

Aber auch vorbeugend kann der Pferdehalter gegen Krankheiten vorgehen, bei Neigung zu Verdauungsproblemen und Kolik sind die Anti-Kolik- Kugeln sehr hilfreich.

Der Ginseng-Brei enthält mit seinen Zutaten eine das Immunsystem stärkende Wirkung. Ginseng und roter Sonnenhut sind besonders nach Hustenerkrankungen mit Antibiotikabehandlung eine wertvolle Unterstützung für den Aufbau des körpereigenen Abwehrsystemes.

ENERGIERIEGEL MIT TRAUBENZUCKER

400 g Traubenzucker
200 g Margarine
50 g Sonnenblumenkerne
100 g Weizenkleie
50 g geriebene Haselnüsse
50 g kernige Haferflocken
2 Eßlöffel geschroteter Leinsamen

Die Margarine bei mittlerer Hitze in einer Pfanne schmelzen und den Traubenzucker hinzufügen und darin zergehen lassen.

Wenn beides gut vermischt ist und einen sämigen Brei ergeben hat, werden die restlichen Zutaten nacheinander hinzugegeben und gut vermengt. Anschließend wird die recht zähe Masse auf einem Bogen Backpapier in viereckiger Form und 2 cm Höhe zum Abkühlen ausgebreitet.

Nach dem Erkalten kann die festgewordene Masse in 10 cm lange und 3 cm breite Streifen geschnitten werden und ergeben so die leckeren Energie-Riegel für Pferde.

Haltbarkeit: 3-4 Tage

ENERGIERIEGEL MIT MAGNESIUM

100 g *Magnesium-Präparat für Pferde*
200 g *Traubenzucker*
200 g *Margarine*
50 g *Sonnenblumenkerne*
100 g *Weizenkleie*
50 g *kernige Haferflocken*
1 Eßlöffel *Honig*

Die Margarine bei mittlerer Hitze in einer Pfanne schmelzen und den Traubenzucker und das Magnesiumpräparat hinzufügen und zergehen lassen.

Wenn dies alles gut vermischt ist und einen sämigen Brei ergeben hat, werden die restlichen Zutaten nacheinander hinzugegeben und gut vermengt.

Diese recht zähe Masse wird auf einem Bogen Backpapier in viereckiger Form und 2 cm Höhe zum abkühlen ausgebreitet.

Nach dem Erkalten werden aus der nun hart gewordenen Masse 10 cm lange und 3 cm breite Streifen geschnitten und ergeben dann die leckeren Energie-Riegel.

Haltbarkeit: 3-4 Tage

ANTI-KOLIK-KUGELN

200 g *Weizenkleie*
200 g *spezielle Kolik-Kräutermischung*
50 g *geschroteter Leinsamen*
1-2 Tassen *Fenchel- oder Kamillentee*

Die Anti-Kolik-Kräutermischung kann in der Apotheke mit folgenden Zutaten zusammengestellt werden:
50 g Fenchel, 50 g Kamille, 50 g Kümmel und 50 g Pfefferminze.

Die Kräutermischung wird zusammen mit der Weizenkleie und dem Leinsamen gut in einer großen Schüssel vermischt.

Nun gibt man so viel Tee hinzu und rührt so lange, bis eine gut formbare Masse entsteht. Wenn der Teig zu dünnflüssig geworden ist, kann er mit Haferflocken wieder fester angemischt werden.

Aus dieser Masse werden walnußgroße Kugeln geformt und auf ein mit Backpapier ausgelegtes Blech gelegt. Bei 130 Grad werden sie ca. 1 Stunde gebacken, so lange, bis sie richtig trocken und fest geworden sind.

Haltbarkeit: 3-4 Tage

GINSENG-KRÄUTER-BREI

3 *große, reife Birnen*
200 g *Weizenkleie*
100 g *Traubenzucker*
50 g *Ginsengwurzel*
50 g *Roter Sonnenhut*
100 g *Sechskornmischung*
1-2 Tassen *Multivitaminsaft*

Die Birnen werden in sehr kleine Würfel geschnitten und mit der Weizenkleie, dem Traubenzucker und den Körnern gut vermischt.

Dann fügt man die Kräuter unter und gibt soviel Multivitaminsaft hinzu, bis ein sämiger Brei daraus entsteht. Besonders in der Winterzeit sind diese Inhaltsstoffe wertvoll für den Pferdeorganismus.

Zur Abwechslung können die Birnen gegen Apfelsinen ausgetauscht werden, die zusätzliche Vitamin C-Lieferanten sind.

Haltbarkeit: 1 Tag

NERVENSTARKES FÜR NERVÖSE PFERDE

Besonders nervösen und unruhigen Pferden hilft die zusätzliche Gabe von Magnesiumpräparaten und Leckereien mit beruhigenden Kräutern, ihren Streß abzubauen und verschiedene Situationen gelassener zu ertragen.

Die Pferdefuttermittelbranche bietet dazu ganz spezielle Magnesiumpräparate an, die hier in einem der Rezepte verwendet werden. Im übrigen findet man in der Natur viele Kräuter, die eine beruhigende Wirkung auf das Nervensystem ausüben.

Die bekanntesten Pflanzen mit solchen Eigenschaften sind Baldrian, Melisse und Lavendel. Ein Gemisch aus diesen Trockenkräutern kann der Pferdebesitzer in Baumwollsäckchen in der Box seines Pferdes anbringen, allerdings erst in einer Höhe, die es dem Tier unmöglich macht, an diese Beutelchen heranzukommen.

Der ausströmende Duft hat ebenfalls eine beruhigende Wirkung. Das Säckchen sollte schon die Mindestgröße von 20 x 20 cm aufweisen, der Inhalt an Kräutern 300 - 400 g betragen, so daß eine ausreichende Menge Duft aus diesen Kräutersäckchen in der Pferdebox verströmt.

KLEIEMÜSLIRIEGEL MIT MAGNESIUM

200 g *Weizenkleie*
100 g *Traubenzucker*
100 g *Magnesium Präparat für Pferde*
200 g *Sonnenblumenmargarine*
50 g *geschroteter Leinsamen*
3 Eßlöffel *Honig*

Die Margarine wird zusammen mit dem Traubenzucker in einer großen, mit Teflon beschichteten Pfanne bei mittlerer Hitze zum Schmelzen gebracht.
Wenn diese beiden Zutaten zu einer flüssigen Masse geworden sind, hebt man die Kleie, das Magnesium und den Leinsamen unter und verrührt alles miteinander zu einer gut formbaren Teigmasse.

Anschließend wird diese recht zähe Masse auf einem Bogen Backpapier in viereckiger Form in etwa 2 cm Dicke zum Abkühlen ausgebreitet. Nach dem Erkalten kann die festgewordene Masse in 10 cm lange und 3 cm breite Streifen geschnitten werden und ergibt dann so die leckere Nervennahrung für nervöse Pferde.

Haltbarkeit: 3-4 Tage

BALDRIAN-LAVENDEL-NUSSECKEN

200 g *Margarine*
100 g *Traubenzucker*
100 g *Weizenkleie*
100 g *geriebene Haselnüsse*
50 g *Baldriankräuter*
50 g *Lavendelkräuter*

Die Margarine wird zusammen mit dem Traubenzucker in einer großen, mit Teflon beschichteten Pfanne bei mittlerer Hitze zum Schmelzen gebracht.

Wenn Margarine und Zucker zu einer flüssigen Masse geworden sind, werden die Haselnüsse und die Kräuter hinzugefügt, und alles wird miteinander zu einem gut formbaren Teig verknetet.

Dieser Teig wird auf einem Backpapier in einer 1 cm dicken Lage ausgebreitet und in 5 cm große Quadrate geschnitten.

Nach dem Abkühlen werden diese Quadrate nochmals der Länge nach durchgeschnitten und ergeben so die Beruhigungs- Nußecken.

Haltbarkeit: 3-4 Tage

JOHANNISKRAUT-MELISSEN-BÄLLCHEN

3 *große Äpfel*
100 g *Weizenkleie*
50 g *Johanniskraut*
50 g *Melissenkraut*
4 Eßlöffel *Honig*
30 g *geschroteter Leinsamen*
½ Tasse *Melissentee*

Die Äpfel werden mit der Schale fein gerieben und mit der Kleie, den Kräutern und restlichen Zutaten in einer großen Schüssel gut vermischt.

Der Brei sollte gut formbar sein und kann entsprechend mit dem Melissentee (es kann auch ein anderer Kräuter- oder Früchtetee verwendet werden) verdünnt werden.

Wenn er zu dünn geworden ist, helfen Haferflocken, den Teig wieder zu festigen. Hat der Brei nun die optimale Konsistenz erhalten, werden pflaumengroße Bällchen daraus geformt und auf einem mit Backpapier ausgelegten Blech verteilt.

Bei 130 Grad Celsius werden sie nun im Backofen ca. 45 Minuten gebacken.

Haltbarkeit: 3-4 Tage

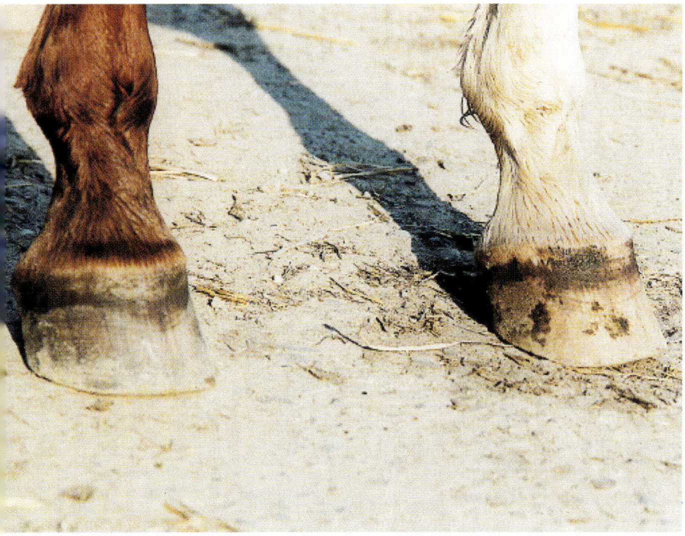

Gesunde und leistungsfähige Barhufe benötigen eine ausgewogene Mineralversorgung. Zusätzliche Biotingaben können Defizite ausgleichen und so für eine kräftige Hornsubstanz sorgen

SPEZIAL-KONFEKT

FÜR HAUT, HUF UND FELL

Schuppige Haut, brüchige Hufe oder stumpfes Fell, für alle Probleme gibt es in der Pferdehaltung spezielle Präparate gegen diese Mangelerscheinungen. Biotin ist das bewährteste Mittel gegen eine schlechte Hufsubstanz, und Hefeprodukte helfen bei Defiziten in der Mineralversorgung von Haut und Haar. Diese Produkte sind meist nur in Pulverform erhältlich und bleiben beim Untermischen in die Kraftfutterration überwiegend auf dem Boden der Futterkrippe liegen. Oder das Pulver wird beim Fressen „verblasen", verfliegt durch den Atem der Pferde und findet keinen Nutzen. Verarbeitet der Pferdehalter das Biotin zu „Biotin-Kugel" oder die Hefe zu „Hefehütchen" kann er sicher sein, daß sein Pferd mit dieser Leckerei die komplette Dosis eingenommen hat. Neben diesen beiden Mitteln sind spezielle stoffwechselfördernde Kräutermischungen zur Heilung und Verbesserung der Huf- und Fellprobleme eine sinnvolle Futterergänzung.

BIOTIN-KUGELN

ca. 60 - 80 g *Biotinpräparat: die Menge für 4 Tage*
200 g *kernige Haferflocken oder Früchtemüsli*
50 g *Vollkorn Weizenmehl*
3 *große Äpfel (oder ein Glas Apfelkompott)*
3 Eßlöffel *Leinsamen*
1 Tasse *Apfelsaft*

Die Äpfel werden gewaschen und mit Schale in eine Schüssel fein gerieben und die Tasse Apfelsaft hinzugefügt, einfacher und schneller geht es mit einem Glas Apfelkompott. In diesen recht weichen Brei fügt man nacheinander die Haferflocken (Müsli), das Mehl, den Leinsamen und das Biotinpulver hinzu. Alles zusammen wird zu einem gut formbaren Teig verrührt. Ist die Masse zu fest geworden, kann sie mit etwas Apfelsaft wieder verdünnt werden. Nun werden pflaumengroße Kugeln daraus geformt, auf einem mit Backpapier ausgelegten Blech verteilt und bei 130 Grad Celsius (Gasumluftherd) ca. 45 Minuten gebacken.

Haltbarkeit: 4 Tage

(im Kühlschrank aufbewahren)

HEFE-HÜTCHEN

200 g *Bierhefe (Ration für fünf Tage)*
200 g *Vollkorn Weizenmehl*
100 g *Traubenzucker*
100 g *Sechskornmischung*
800 g *Kräutermischung*
ca. 200 ml *Kräutertee*

In einer Schüssel werden die Bierhefe, das Mehl, der Traubenzucker und die Sechskornmischung mit dem Tee zu einem sämigen Brei vermischt. Nun wird die Kräutermischung untergehoben, und aus diesem Teig werden nun mit einem Eßlöffel kleine Hütchen geformt, auf ein mit Backpapier ausgelegten Blech verteilt und bei 150 Grad Celsius (Gasumluftherd) ca. 30 Minuten gebacken

Die Kräutermischung setzt sich aus folgenden Pflanzen zusammen und kann in der Apotheke nach diesen Wünschen bestellt werden: 150 g Klettenwurzel, 150 g Teufelskralle, 150 g Stiefmütterchen, 150 g Walnußblätter und 200 g Zinnkraut. Diese Mischung reicht für vier Portionen Hefe-Hütchen.

Haltbarkeit: 5 Tage

(im Kühlschrank aufbewahren)

BHK-BREI FÜR HAUT UND HUF

20 g *Biotinpräparat*
40 g *Hefepräparat*
30 g *Kieselgur*
100 g *kernige Haferflocken*
100 g *Traubenzucker*
3 *reife Bananen*
50 g *geschroteter Leinsamen*
4 Eßlöffel *Honig*
1-2 Tassen *Früchtetee*

Die Bananen sollten schön reif sein, so lassen sie sich leichter mit der Gabel zu einem Mus zerdrücken und sind im Geschmack angenehm süß.

In das Bananenmus werden die restlichen Zutaten nacheinander untergemischt und mit dem noch warmen Tee zum Schluß zu einem weichen Brei angerührt.

In diesem Brei sind nun alle drei der wichtigsten Ergänzungsfuttermittel für eine gesunde Haut und kräftige Hufe zusammen zu einem schmackhaften Brei vermischt.

Er sollte noch am Tag der Zubereitung dem Pferd verfüttert werden.

Haltbarkeit: 1 Tag

Spaghetti einmal anders, nämlich in pferdegerechter Form zubereitet. Ein bißchen Arbeit ist es schon, aber es macht viel Spaß, für seinen Pferdepartner diese witzigen Leckereien zu erstellen.

PASTA CAVALLO

Unter dem Titel dieses Kapitels „Pasta Cavallo" darf man nicht wirklich echte Nudelgerichte für Pferde erwarten, denn Nudeln jeglicher Art gehören nicht auf den Speiseplan einer Pferdefütterung.

Dieser Titel ist eher scherzhaft für die optische Zubereitung einiger Gericht mit gesunden Zutaten für das Pferd gedacht. So werden Möhren oder Bananen in Nudelform „gebracht", was allerdings ein bißchen zeitaufwendig ist und etwas Mühe macht. Natürlich geht es schneller und ist wesentlich einfacher, dem Pferd eine Banane oder Möhre im Ganzen zu servieren.

Aber hier soll ja auch die Freude an der Zubereitung der „Extraportionen" im Vordergrund stehen.

Wer gern zu Hause für seine Familie und Freunde kocht und neue Rezepte ausprobiert, hat sicherlich auch Spaß daran, seinem Pferd die Leckereien auf nette und ungewöhnliche Weise zuzubereiten und anzubieten.

APFEL-LASAGNE

5 große Äpfel
5 große Scheiben trockenes Brot
50 g Sonnenblumenkerne
100 g Haferflocken
30 ml Möhrensaft oder Früchtetee

Die Äpfel werden gewaschen und mit der Schale in 1 cm dicke Scheiben geschnitten. In einer mittelgroßen Plastikschale werden nun Apfelscheiben, Sonnenblumenkerne, Haferflocken und Brotscheiben abwechselnd nacheinander geschichtet. Zum Schluß wird der Möhrensaft oder der Früchtetee darübergegeben

Haltbarkeit: 1 Tag

MÖHRENSPAGHETTI IN WEIZENKEIMSAUCE

500 g *große, lange Möhren*
100 g *Weizenkeime*
100 g *Spitz- oder Breitblattwegerichkraut*
50 g *Sonnenblumenkerne*
4 Eßlöffel *Honig*
½ Tasse *Leinsamenöl*
½ Tasse *Kräutertee*

Beim Einkauf ist darauf zu achten, nur lange und dicke Möhren auszuwählen, denn mit ihnen geht die Herstellung der „Spaghetti" wesentlich leichter und schneller. Nachdem die Möhren gründlich gewaschen wurden, werden sie der Länge nach in möglichst sehr dünne Streifen geschnitten. Auf einem sauberen Plastikdeckel eines Eimers oder einer großen Schüssel werden sie hübsch gleichmäßig verteilt.

Nun werden die restlichen Zutaten miteinander in einer Schale zu einer Sauce angerührt und über die „Möhrenspaghetti" gegossen. Ganz zum Schluß wird das fein gehackten Spitzwegerichkraut darüber gestreut.

Haltbarkeit: 1 Tag

BANANENPASTA UNTER MÖHREN-HIRSE

3 *reife Bananen*
3 *dicke Möhren*
100 g *Hirse*
1 Tasse *Möhrensaft*

Beim Einkauf ist darauf zu achten, möglichst lange, gerade Bananen an der Obsttheke auszuwählen. Die Bananen werden geschält und der Länge nach in recht dünne Streifen geschnitten. Nun legt man die Bananenstreifen auf einen sauberen Plastikdeckel eines Eimers oder einer Schüssel. Anschließend werden die Möhren geschält und fein geraspelt, und über die Bananenstreifen verteilt. Nun wird der Möhrensaft darüber verteilt und zum Schluß die Hirse darüber gestreut.

Haltbarkeit: 1 Tag

PFERDE-

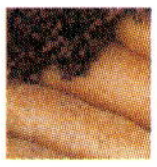

PIZZAS LEICHT GEMACHT

Es ist ein recht schwieriges, ja fast unmögliches Unterfangen, mit dem eigenen Pferd beim Italiener eine Pizza essen zu gehen. Irgendwie ist man da mit seinem Vierhufer nicht gern gesehen und die Platzverhältnisse sind auch nicht immer den Bedürfnissen entsprechend.

Doch wer seinem Pferd diese leckeren Teigspeisen nicht vorenthalten möchte, kann mit den nachstehenden Rezepten leckere Pferdepizzas selber herstellen. Natürlich weichen die Zutaten bis auf den Grundteig ein wenig von dem herkömmlichen italienischen Belag ab, dafür sie sind aber für den Geschmack eines Pferdegaumen angemessen zusammengestellt.

In den nachstehenden Pizzarezepten wurden fertige Pizzagrundteigmischungen verwendet, da nicht jeder Reiter oder Pferdebesitzer umfangreiche Kochkenntnisse besitzt, um den Hefeteig für Pizzas selbst herzustellen. Der Pizzafertigteig wurde deshalb aus Gründen der leichteren und schnelleren Zubereitung gewählt. Wer möchte und vor allem kann, darf selbstverständlich diesen Teig auch selber zubereiten.

Die Pizzas dürfen natürlich nur im abgekühlten Zustand dem Pferd angeboten werden, besonders bei der Pizza Kräuter Calzone muß darauf geachtet werden, daß der Innenbelag nicht mehr heiß ist.

Zum Verfüttern wird die Pizza in acht große Stücke geschnitten und, weil's eben Spaß macht, jeweils einzeln dem Pferd angeboten.

FRUTTI DI MÖHRE

1 *fertige Mischung Pizzagrundteig*
300 g *Möhren*
100 ml *Möhrensaft*
3 Eßlöffel *Olivenöl*
50 g *geschälte Sonnenblumenkerne*
50 g *geschroteter Leinsamen*
50 g *kernige Haferflocken*

Zuerst wird die komplette Fertigbackmischung Pizzateig laut der Backanweisung hergestellt. Nachdem dieser Teig auf einer gefetteten Backform ausgelegt wurde, kann mit der weiteren Herstellung der Pferdepizza fortgefahren werden.

Die Pizza sollte nicht zu trocken, sondern schön saftig werden. Dazu wird eine vitaminreiche Grundsauce erstellt: der Möhrensaft wird mit den Sonnenblumenkernen, dem Leinsamen und den Haferflocken zu einem sämigen Brei verrührt und gleichmäßig auf dem Pizzateig verteilt. Diese Schicht sollte nicht dicker als 0,5 cm sein, da sonst der Teig nicht richtig durchgebacken wird. Nun schneidet man die geschälten Möhren in ca. 2 mm dicke

Scheiben und belegt damit den ganzen Pizzaboden. Erst zum Schluß wird das Pflanzenöl gleichmäßig über der Pizza dünn verteilt.

Die Backzeit dieser Möhrenpizza richtet sich nach den Angaben auf der Packung des Fertigpizzateiges.

Haltbarkeit: 2 Tage

KRÄUTER-CALZONE

1 *fertige Mischung Pizzagrundteig*
300 g *frische oder getrocknete Kräuter*
50 ml *Kräutertee nach Belieben*
3 Eßlöffel *Olivenöl*
100 g *kernige Haferflocken*
50 g *geschroteter Leinsamen*
50 g *Sechskornmischung*

Auch hier wird zuerst der Pizzagrundteig laut Angaben der Packungshinweise fertiggestellt. Die verwendeten Kräuter richten sich ganz nach dem bevorzugten Geschmack des Pferdes oder nach eventuell vorliegenden Erkrankungen.

So wählt der Pferdebesitzer für hustenkranke Pferde eine Hustenkräutermischung, oder alte Pferde bekommen eine sogenannte Veteranenmischung. Die Kräuter können selbstverständlich selber gesammelt werden, leichter und schneller geht es mit einer in der Apotheke speziell zusammengestellten Kräutermischung.

Die Grundsauce wird wie folgt zusammengestellt: der noch lauwarme Tee wird mit dem Pflanzenöl, dem Leinsamen und der Sechskornmischung gut miteinander vermischt, so daß eine sämig feste Masse entsteht. Diese Masse wird nur auf eine Hälfte des auf einem Backblech ausgelegten Pizzateiges verteilt.

Jetzt werden die Kräuter und die Haferflocken miteinander verrührt und auf die bereits belegte Hälfte gegeben, dabei sollte am Rand ein schmaler Streifen frei bleiben. Nun klappt man die andere Hälfte des Pizzateiges über den belegten Teil und drückt ihn am Rand fest zusammen.

Die Backzeit dieser Kräuter-Calzone richtet sich nach den Angaben des Fertigpizzateiges auf der Packung.

Haltbarkeit: 2 Tage

QUATTRO STAGIONI

1 *fertige Mischung Pizzagrundteig*
100 g *Möhren*
100 g *Spinat*
100 g *Rote Bete*
100 g *harte Maiskörner*
(nicht aus der Dose)
50 g *geschroteter Leinsamen*
½ Tasse *Möhrensaft*
3 Eßlöffel *Olivenöl*

Zuerst wird die komplette Fertigbackmischung Pizzateig laut der Backanweisung hergestellt. Nachdem dieser Teig auf einer gefetteten Backform ausgelegt wurde, werden nacheinander alle weiteren Zutaten darauf verteilt.

Die Möhren werden geschält und sehr grob geraspelt, der Spinat gewaschen und gut getrocknet. Es sollten keine Maiskörner aus der Dose verwendet werden, die harten Maiskörner sollen das Pferd zu einem intensiveren Kauen anregen und sind wesentlich nahrhafter. Die Grundsauce wird aus dem Möhrensaft und dem Leinsamen hergestellt und gleichmäßig auf dem Pizzateig verteilt. Nun werden auf ein Viertel der Pizza die geraspelten Möhren gegeben, auf das zweite Viertel der Spinat, auf das dritte Viertel der Mais und auf das letzte Viertel die fein gewürfelte Rote Beete. Ganz zum Schluß wird das Olivenöl über die gesamte Pizza gegeben, damit der Pizza nicht zu trocken wird. Die Backzeit dieser Gemüsepizza richtet sich nach den Angaben auf der Packung des Fertigpizzateiges.

Haltbarkeit: 2 Tage

DIE SÜSSE PIZZA

1 *fertige Mischung Pizzagrundteig*
200 g *Äpfel*
2 *Apfelsinen*
100 g *Traubenzucker*
100 g *Früchtemüsli*
50 g *geschroteter Leinsamen*
1 Tasse *Früchtetee*
3 Eßlöffel *Olivenöl*

Der Pizzateig wird nach Packungsanweisung hergestellt und auf eine gefettete Backform ausgelegt. Die Äpfel werden ungeschält sehr grob geraspelt. Die Apfelsinen werden geschält und in Scheiben geschnitten.

Die Grundsauce für sie süße Pizza wird zusammengemischt, indem der Früchtetee, der Traubenzucker und der Leinsamen gut miteinander verrührt werden.

Diese Mischung wird gleichmäßig auf dem Pizzateig verteilt. Nun streut man die geriebenen Äpfel darüber und legt die Apfelsinenscheiben darauf.

Zum Schluß tröpfelt man das Olivenöl gleichmäßig darüber und streut das Früchtemüsli über die gesamte Pizza. Wer möchte, kann noch ein paar (ca. 50 g) geschälte Sonnenblumenkerne dem Müsli hinzufügen.

Die Backzeit dieser süßen Pizza richtet sich nach den Angaben auf der Packung des Fertigpizzateiges.

Haltbarkeit: 2 Tage

DER GESUNDE NACHTISCH FÜR PFERDE

Zu einer guten Hauptmahlzeit gehört einfach ein süßer Nachtisch, sonst ist ein Menü nicht komplett. Und auch für Pferde bieten sich da einige gesunde und sinnvolle Nachtischvariationen an.

Sie sind schnell und ohne großen Aufwand anzufertigen, da die meisten Zutaten im Haushalt stets vorrätig sind.

Als Hauptgrundlage für die verschiedenen Nachtischrezepte wird eine naturreiner, fettarmer Joghurt verwendet.

Es wirkt sich durch seine rechtsdrehenden Milchsäuren positiv auf die Verdauungsvorgänge im Magendarmtrakt aus und ist besonders bei Verdauungsproblemen wie Durchfall ein hilfreiches Mittel. Während einer Behandlung mit Antibiotika werden nicht nur schädliche Bakterien vernichtet, sondern auch wichtige Bakterien in der Darmflora.

Der Joghurt hilft beim Wiederaufbau einer intakten Darmstruktur und sollte daher unbedingt nach einer Antibiotikabehandlung gefüttert werden. Ebenso ist er für kolikanfällige oder ältere Pferde eine gesunde Futterergänzung in bezug auf eine reibungslos funktionierende Darmtätigkeit.

JOGHURT MIT HONIG UND WEIZENKLEIE

1 Becher *naturreiner Joghurt 500 g*
5 Eßlöffel *Honig*
200 g *Weizenkleie*
50 g *geschroteter Leinsamen*

In einer mittelgroßen Plastikschüssel werden alle Zutaten nacheinander hineingegeben, gut miteinander vermischt und noch am gleichen Tag der Zubereitung an das Pferd verfüttert.

Haltbarkeit: 1 Tag

JOGHURT MIT APFELSTÜCKCHEN

1 Becher *naturreiner Joghurt 500 g*
2 *Äpfel*
200 g *Früchtemüsli*

Der Apfel wird ungeschält in kleine Würfel geschnitten oder grob geraspelt, mit dem Joghurt und den Haferflocken in einer mittelgroßen Plastikschüssel gut vermischt und noch am gleichen Tag der Zubereitung an das Pferd verfüttert.

Haltbarkeit: 1 Tag

Joghurt hilft bei Darmproblemen und sollte bei einer Behandlung mit Antibiotika zur Unterstützung der Darmflora gefüttert werden. Die verschiedenen Zutaten ergeben eine sehr willkommene „Nachspeise" für die Pferde.

JOGHURT MIT PFEFFERMINZE

1 Becher *naturreiner Joghurt 500 g*
50 g *Pfefferminzkräuter*
50 g *Sonnenblumenkerne*
1 Eßlöffel *Pflanzenöl*

In eine mittelgroße Plastikschüssel werden alle Zutaten nacheinander hineingegeben gut miteinander vermischt und noch am gleichen Tag der Zubereitung an das Pferd verfüttert.

Haltbarkeit: 1 Tag

ROTER JOGHURT

1 Becher *naturreiner Joghurt 250 g*
2 *Rote Beteknollen*
50 g *Sechskornmischung*
50 g *Traubenzucker*

Die beiden Rote Beteknollen werden dünn geschält und in kleine Würfel geschnitten. Der Joghurt wird in eine Schüssel gegeben, dazu die Rote Bete, der Traubenzucker und die Körnermischung.

Alles zusammen wird gut miteinander vermischt und noch am gleichen Tag der Zubereitung an das Pferd verfüttert.

Haltbarkeit: 1 Tag

WINTER-JOGHURT

1 Becher *naturreiner Joghurt 500 g*
1 *Apfelsine*
1 Eßlöffel *Zimt*

Die Apfelsine wird geschält, in kleine Würfel geschnitten und in eine mittelgroße Plastikschüssel gegeben. Nun wird der Joghurt untergerührt und zum Schluß das Ganze mit dem Zimt bestreut.

Haltbarkeit: 1 Tag

PFERDE-BRÖTCHEN SELBST GEBACKEN

Natürlich kann der Pferdebesitzer in der Bäckerei die schönsten Müsli- und Vollkornbrötchen kaufen, trocken werden lassen und dann seinem Pferd verfüttern. Das geht schnell, spart Zeit doch die Kosten für diese gekauften Brötchen sind recht hoch. Mehr Arbeit ist es schon, die Pferdebrötchen selber zu backen, aber es macht großen Spaß für sein Pferd leckere Brötchen in Eigenregie herzustellen, und es spart nebenbei eine Menge Geld. Die einzelnen Zutaten für die Brötchen sind wesentlich preiswerter als die der Müslibackwaren aus der Bäckerei. Für 10,00 DM Kosten an Backwarenzutaten erhält man rund 30 Brötchen und liegt damit um die Hälfte billiger als bei gekauften Mehrkorn- oder Müslibrötchen.

Die nachstehend vorgestellten Backrezepte für Pferdebrötchen sind so lecker und schmackhaft, daß sie genauso gut auf dem Sonntagsfrühstückstisch des Pferdebesitzers ihre Verwendung finden könnten.

Diese Brötchen sind sehr gesund, enthalten viele Vitamine und Ballaststoffe. Und: hier weiß der Pferdebesitzer genau, welche Inhaltsstoffe in den Backwaren enthalten sind, sie sind frei von chemischen Zusätzen. Diese Menge der jeweils aufgeführten Zutaten ergibt 8-10 Brötchen pro Rezeptvorschlag. Möchte man gleich eine größere Anzahl Brötchen herstellen, kann die angegebene Menge direkt verdoppelt werden.

Selbstverständlich dürfen die Brötchen niemals im frischen Zustand verfüttert werden, erst nachdem sie ganz hart geworden sind, werden sie für die Pferde gut bekömmlich.

KLEIE-BRÖTCHEN

200 g *Vollkorn Weizenmehl*
100 g *Weizenkleie*
50 g *Traubenzucker*
ca. 200 ml *Wasser*
50 g *Sonnenblumenöl*
1 Teelöffel *Salz*
1 Päckchen *Backpulver*

Zuerst werden alle „feste" Zutaten in einer Küchenmaschine miteinander gut vermischt. Nun fügt man das Sonnenblumenöl und weiterhin soviel Wasser hinzu, daß ein gut formbarer Teig entsteht. Anschließend werden daraus pfirsichgroße Brötchen geformt und bei 150 Grad (Umluftgasherd) Celsius im vorgeheizten Ofen 45-55 Minuten gebacken.

Wer keine Küchenmaschine zur Verfügung hat, knetet den Teig auf einem mit reichlich Mehl bestäubten Brett gründlich in fleißiger „Handarbeit" durch.

Haltbarkeit: mehrere Tage,
erst im getrockneten Zustand verfüttern!

Selbstgebackene Früchte- und Körnerbrötchen sind preiswert, lecker und da weiß man, was „drin" ist.

HAFERFLOCKEN-BRÖTCHEN

200 g *kernige Haferflocken*
200 g *Weizenmehl*
ca. 200 ml *Milch*
1 Teelöffel *Salz*
50 g *geschroteter Leinsamen*
2 Teelöffel *Backpulver*

Die Haferflocken werden in Milch eingeweicht über Nacht stehen gelassen. Am folgenden Tag vermischt man das Vollkornmehl, Salz und Backpulver in einer großen Schüssel und gibt die aufgequollenen Haferflocken hinzu.

Nun wird alles zusammen zu einem festen Teig in der Küchenmaschine oder auf einem mit Mehl bestäubten-Brett verknetet.

Anschließend werden daraus tennisballgroße Brötchen geformt, diese auf ein mit Haferflocken ausgestreutes Backblech gelegt und bei 150 Grad (Umluftgasherd) Celsius ca. 45 Minuten im vorgeheizten Ofen gebacken.

Haltbarkeit: mehrere Tage,
erst im getrockneten Zustand verfüttern!

MÜSLI-BRÖTCHEN

200 g *Früchtemüsli*
200 g *Vollkorn Weizenmehl*
100 g *Sechskornmischung*
50 g *geschroteter Leinsamen*
50 g *Traubenzucker*
20 ml *Sonnenblumenöl*
200 ml *Milch*
100 ml *Wasser*
1 Teelöffel *Salz*
2 Teelöffel *Backpulver*

Müsli, Mehl, Körner, Leinsamen, Traubenzucker, Backpulver und Salz werden in eine große Schüssel gegeben und gründlich miteinander vermischt (leichter geht es mit einer Küchenmaschine).

Dann gibt man nach und nach das Öl, die Milch und das Wasser hinzu und knetet es solange durch, bis ein zähfester Teig entsteht. Mit reichlich mehlbestäubten Händen werden daraus nun die Müslibrötchen geformt und auf ein mit Backpapier ausgelegtes Blech gelegt.

Die Backzeit beträgt 50 - 60 Minuten bei 180 Grad Celsius (Umluftgasherd) im vorgeheizten Backofen.

Haltbarkeit: mehrere Tage,
erst im getrockneten Zustand verfüttern!

KRÄUTER-BRÖTCHEN

250 g *Vollkornmehl*
50 g *Kräutermischung nach belieben*
100 g *Sechskornmischung*
50 g *Sonnenblumenöl*
200 ml *Wasser*
1 Teelöffel *Salz*
½ Päckchen *Backpulver*

Alle Zutaten außer den Kräutern werden gründlich miteinander vermischt, erst danach werden die Kräuter untergeknetet.

Auch hier ist der Einsatz einer Küchenmaschine von Vorteil. Wenn man per Hand arbeitet, müssen die Hände gut feucht sein, nicht mit Mehl bestäuben, da der Teig sehr klebrig ist.

Es ist beim Anrühren des Teiges darauf zu achten, daß er nicht zu dünn wird, eher etwas weniger Wasser verwenden.

Die Backzeit beträgt 50 - 60 Minuten bei 180 Grad Celsius (Umluftgasherd) im vorgeheizten Backofen.

Haltbarkeit: mehrere Tage,
erst im getrockneten Zustand verfüttern!

DIE FRUCHTSAFT-BAR

Angefangen vom Apfelsaft bis hin zu den unterschiedlichsten Fruchtsäften sind viele Pferde, unabhängig von Rasse oder Alter, Abwechslungen in der „Getränkebar" sehr zugetan.

Bei der Gewöhnung an verschiedene Saftsorten sollte nicht gleich ein ganzer Liter in den Tränkeeimer gegeben werden. Zum Probieren reichen erst einmal 300 ml Saft, die 1:1 mit Wasser verdünnt angeboten werden.

Bei dem ersten „Fehlschlag" sollte der Pferdebesitzer nicht gleich aufgeben, manche Tiere haben ganz spezielle Vorlieben, die es erst heißt herauszufinden. Wer keinen Apfelsaft mag, ist vielleicht ganz begeistert über einen Multivitaminsaft.

Generell sollte pro Tag die Menge von einem Liter Saft nicht überschritten werden, hier kommt es nicht auf die Quantität, sondern vielmehr auf die Qualität der Säfte an. Beim Einkauf der Fruchtsäfte ist auf einen hohen Fruchtanteil zu achten, und es sind möglichst keine gezuckerten Säfte zu verwenden. Anstelle des Leitungswassers kann auch ein sehr kohlensäurearmes Mineralwasser zur Anreicherung der Säfte eingesetzt werden.

Wenn die selbstgemischten Säfte nicht am gleichen Tag verfüttert werden, sind zur besseren Haltbarkeit in einem geschlossenen Gefäß im Kühlschrank aufzubewahren. In der heißen Sommerzeit empfiehlt sich jedoch die Verabreichung noch am Tag der Herstellung.

HOLUNDER-LIMONADE

500 g *frische Holunderbeeren*
200 g *Traubenzucker*
1 Liter *Wasser*

Die Beeren werden in einem Liter Wasser ca. 20 Minuten gekocht.

Anschließend werden sie durch ein Sieb gedrückt und dieser Saft wird nun mit dem Traubenzucker gesüßt. Da diese Saftmenge für ein Pferd nicht sehr ergiebig ist, wird sie mit Wasser auf einen Liter aufgefüllt.

Haltbarkeit: 2-4 Tage

Nicht immer nur Wasser! Pferde mögen die Abwechslung in ihrer „Getränke-Bar" sehr, man muß es ihnen nur anbieten. Fertige oder selbstgepreßte Obstsäfte sind in der Winterzeit sehr wertvolle Vitaminlieferanten.

APFELSCHORLE

½ - 1 Liter *Apfelsaft mit hohem Fruchtanteil, ungezuckert*
1 Liter *Leitungswasser oder stilles Mineralwasser*
200 g *Traubenzucker*

Der Apfelsaft wird mit dem Wasser vermischt, anschließend wird der Traubenzucker hineingegeben und solange verrührt, bis er komplett aufgelöst ist.

Nun ist er für das Pferd trinkfertig und kann verabreicht werden.

Haltbarkeit: 2 Tage

DIE VITAMIN-C-BOMBE

½ - 1 Liter *Apfelsinensaft mit hohem Fruchtanteil, ungezuckert*
1 Liter *Leitungswasser oder stilles Mineralwasser*
2 Eßlöffel *eines Vitamin C-Präparates*

Der Apfelsinensaft wird mit dem Wasser verdünnt und das Vitamin C Präparat hineingegeben und solange verrührt, bis es komplett aufgelöst ist.

Nun ist die „Vitamin-C-Bombe" für das Pferd trinkfertig und kann verabreicht werden.

Haltbarkeit: 2 Tage

Der Immunsystem-Stärker

1 Liter *Multivitaminsaft*
1 Liter *Leitungswasser*
oder stilles Mineralwasser
50 Tropfen *eines Echinaceasaftes*

Der Echinaceasaft ist in der Apotheke erhältlich, er ist das bewährteste Mittel zur Immunsystemstärkung.

Er hat keinen sehr angenehmen Geschmack, daher ist hier die Gesamtmenge des Getränkes auf 2 Liter zu verdünnen. In den Multivitaminsaft werden die Echinaceatropfen eingegeben und gut verrührt.

Es empfiehlt sich der Einsatz eines elektrischen Quirls auf kleinster Stufe. Zum Schluß wird das Wasser zugefügt. Nun ist der „Immun-Stärker" für das Pferd trinkfertig und kann verabreicht werden.

Haltbarkeit: 2 Tage

Obstsaft mit Vitaminkonzentrat

½ - 1 Liter *eines Obstsaftmischgetränkes*
1 Liter *Leitungswasser*
oder stilles Mineralwasser
100 ml *eines Multivitaminsaftes*
aus der Pferdeernährung
200 g *Traubenzucker*

Das Multivitaminsaftpräparat wird mit dem Obstsaftmischgetränk und dem Wasser gut gemixt. Anschließend wird der Traubenzucker darin komplett aufgelöst.

Dieser Pferde-Multivitaminsaft ist besonders nach überstandenen Krankheiten, Geburt oder Wurmkuren ein wertvoller Ausgleich von vorhandenen Vitamindefiziten im Stoffwechsel.

Haltbarkeit: 2 Tage

Tees in allen Variationen lauwarm serviert, sind bei den Pferden sehr beliebt, nur sind sich dessen wenige Pferdebesitzer bewußt.

DIE TEEKÜCHE

Wer meint, daß Pferde nur Wasser trinken und keinen Tee mögen, irrt gewaltig und hat seinem Pferd noch nie einen süßen Früchte- oder würzigen Kräutertee angeboten.

Die meisten Pferde stürzen sich gierig auf die willkommene Abwechslung zum einfachen Trinkwasser. Auf diese Weise kann der Pferdebesitzer seinem Pferd eine weitere Vitaminergänzung zukommen lassen oder mit den verschiedenen Kräutertees bei einer Erkrankung eine heilende Wirkung erzielen.

Zu den wirkungsvollsten Heiltees gehört zweifelsohne der Kombuchatee. Mit ihm konnte bei einem mittelschweren, chronischen Husten über mehrere Jahre hinweg vielen Pferden geholfen werden. Dieser Tee ist in fertiger Form in Reformhäusern und Apotheken erhältlich, allerdings ist es dort recht teuer.

Die eigene Herstellung ist anzuraten, da beim Pferd ein täglicher Bedarf von einem Liter Tee besteht, denn in geringeren Mengen verabreicht, erzielt er kaum eine Wirkung.

In einer Nährlösung aus Teeaufguß und Zucker kann sich der Pilz bei der Vergärung des Zuckers zu Säure ernähren. Nach einer Reifezeit ist der Zucker aufgebraucht, das so entstandene Teegetränk schmeckt fruchtig, säuerlich und enthält einen geringen Anteil an Kohlensäure.

Desweiteren beinhaltet der Tee die Vitamine B1, B2, B3, B6, B12 und C sowie Folsäure und rechtsdrehende (L+) Milchsäure, Aminosäuren, Enzyme, antibiotische Stoffe und die kleine Menge Alkohol von 0,5 %.

Die besondere Wirkung des Kombuchas beruht vorwiegend auf der Glucuronsäure, die eine starke Entgiftung des Körpers bewirkt, die Milchsäure wirkt stark hemmend auf schädliche Darmbakterien und begünstigt somit den Verdauungsprozess. Im Bereich der Lungen und Luftwege werden besonders positive Wirkungen in bezug auf die Schleimabsonderung mit dem Kombuchatee erzielt.

Der Stoffwechsel wird angereg, so daß vermehrt Reinigungs- und Ausscheidungsprozesse stattfinden. Er zeigt seine heilende und lindernde Wirkung bei Arthrose, Kolikanfälligkeit und vor allem bei chronischem Hustenleiden.

KOMBUCHA-TEE

1 *Pilzkultur ausreichend für 14 Liter*
2 kg *Zucker*
9 Beutel *schwarzer Tee*
9 Beutel *Früchtetee*

Das Wasser zum Kochen bringen und den Zucker darin auflösend nach und nach eingeben. Wenn sich der Zucker vollständig aufgelöst hat, das Wasser von der Kochstelle nehmen und die Teebeutel für ca. 15 Minuten darin ziehen lassen. Nach dem Abkühlen wird der Tee in die Aufbewahrungsbehälter abgefüllt und die Pilzkultur hinzugegeben. Nach 14 Tagen ist der Reifeprozeß beendet und der nun fertige, lindernde und heilende Tee kann dem kranken Pferd verfüttert werden. Dies geschieht entweder pur im Futtertrog, in einem Eimer oder die Teemischung kann über die Kraftfutterration gegeben werden.

Haltbarkeit: 14 Tage

HAGEBUTTENTEE

500 g *frische Hagebutten*
(oder getrocknete Früchte)
100 g *Traubenzucker*
1 Liter *Wasser*
3 Eßlöffel *Honig*

Bei der Verwendung von getrockneten Hagebuttenfrüchten werden diese in einem Liter kalten Wassers über Nacht eingeweicht. Am folgenden Tag werden die Früchte in diesem Wasser kurz aufgekocht und 10-15 Minuten ziehen gelassen. Anschließend wird alles durch ein Sieb gegossen und der Traubenzucker und der Honig untergerührt. Den Tee lauwarm oder abgekühlt servieren.

Die frischen Hagebuttenfrüchte werden gründlich gewaschen und mit einem Messer leicht angeritzt. In einem Liter Wasser werden sie 2-3 Minuten gekocht, abgesiebt und mit dem Traubenzucker und Honig gesüßt. Den Tee lauwarm oder abgekühlt servieren.

Haltbarkeit: 2 Tage
in einem verschlossenen Gefäß.

HUSTENTEE IM WINTER

100 g *spezielle Hustenkräutermischung*
100 g *Traubenzucker*
1 Liter *Wasser*

Das Wasser zum Kochen bringen und anschließend von der Kochplatte herunternehmen. Direkt den Traubenzucker hineingeben und unter Rühren vollständig auflösen. Jetzt hängt man die lose Kräutermischung in einem Teenetz für ca. 20 Minuten in das noch heiße Teewasser hinein. Die fertige Teemischung zum Abkühlen in den Kühlschrank stellen und erst im kalten Zustand dem Pferd zum Trinken anbieten.

Die Hustenkräutermischung wird in der Apotheke nach folgendem Rezept zusammengestellt: Salbeiblätter, Anis, Fenchel, Holunderblüten, Süßholzwurz, Thymian, Lindenblüten, Eibischblätter, Malvenblüten, Salbeiblätter. Diese gezielt ausgewählten Kräuter lindern Husten- und Atemwegsbeschwerden, stärken das allgemeine Abwehrsystem und haben eine positive Wirkung auf das Atem- und Bronchialsystem.

Die ätherischen Öle der Kräuter wirken schleimlösend, entkrampfend und beruhigend auf die Atemwege.

Nach der Teezubereitung müssen diese wertvollen Kräuter nicht auf den Kompost, sie können dem Pferd unter seine Kraftfutterration gegeben werden und finden dort noch einen weiteren sinnvollen Einsatz.

Haltbarkeit: 1 Tag

Winterzeit - Hustenzeit. Tees aus speziellen Kräutermischungen hergestellt, helfen und lindern die Hustenbeschwerden. Sie stillen den Hustenreiz und wirken schleimlösend. Der Tee sollte zweimal täglich lauwarm gegeben werden.

ERFRISCHUNGSTEE IM SOMMER

6 Beutel *einer Früchteteemischung*
100 g *Traubernzucker*
1 Liter *Wasser*

Das Wasser zum Kochen bringen, dann von der Kochstelle nehmen und den Traubenzucker unter Rühren darin auflösen.

Anschließend werden die Teebeutel hineingehängt und sollen nun für 15 Minuten in dem Wasser ziehen.

Die fertige Teemischung zum Abkühlen in den Kühlschrank stellen und erst im kalten Zustand dem Pferd zum Trinken anbieten.

Haltbarkeit: 1 Tag

KRÄUTERTEE FÜR ÄLTERE PFERDE

100 g *spezielle Veteranenkräutermischung*
100 g *Traubenzucker*
1 Liter *Wasser*

Das Wasser zum Kochen bringen und anschließend von der Kochplatte herunternehmen. Direkt den Traubenzucker hineingeben und unter Rühren vollständig auflösen. Jetzt hängt man die lose Kräutermischung in einem Teenetz für ca. 20 Minuten in das noch heiße Teewasser hinein.

Die fertige Teemischung zum Abkühlen in den Kühlschrank stellen und erst im kalten Zustand dem Pferd zum Trinken anbieten.

Die Kräutermischung für den Pferdeveteranen lindert rheumatische Beschwerden, allgemeine Altersbeschwerden und Steifheit in den Gelenken, unterstützt das Herz-Kreislaufsystem und wirkt sich fördernd auf die Verdauung aus.

Diese vielseitig zusammengestellte Kräutermischung besteht aus Selleriesamen, Brennessel, Klette, Schwarzwurz, Birke, Weidenrinde, Gingko, Kamille und Löwenzahn.

Die Mischung kann in der Apotheke zusammengestellt werden.

Nach der Teezubereitung müssen diese wertvollen Kräuter nicht auf den Kompost, sie können dem Pferd unter seine Kraftfutterration gegeben werden und finden dort noch einen weiteren sinnvollen Einsatz.

Haltbarkeit: 1 Tag

BERUHIGUNGSTEE FÜR NERVÖSE PFERDE

100 g *spezielle Kräutermischung*
100 g *Traubenzucker*
1 Liter *Wasser*

Das Wasser zum Kochen bringen und anschließend von der Kochplatte herunternehmen. Direkt den Traubenzucker hineingeben und unter Rühren vollständig auflösen.

Jetzt hängt man die lose Kräutermischung in einem Teenetz für 20 Minuten in das noch heiße Teewasser hinein. Die fertige Teemischung zum Abkühlen in den Kühlschrank stellen und erst im kalten Zustand dem Pferd zum Trinken anbieten.

Der Tee sollte bei speziellen Anlässen, wie beispielsweise einer Hängerfahrt, eine Stunde vorher verabreicht werden um seine Wirkung entfalten zu können.

Die beruhigende Kräutermischung enthält folgende Pflanzen: Baldrian, Johanniskraut, Kamille. Sie ist in der Apotheke nach diesen Angaben zu bekommen.

Nach der Teezubereitung müssen diese wertvollen Kräuter nicht auf den Kompost, sie können dem Pferd unter seine Kraftfutterration gegeben werden und finden dort noch einen weiteren sinnvollen Einsatz.

Haltbarkeit: 1 Tag

WIE SINNVOLL IST DIE KRÄUTER-FÜTTERUNG?

In den vergangenen Jahren wurde der Markt für Pferdefutter geradezu von Kräuterfutterprodukten überhäuft. Jeder namhafte Futterhersteller brachte seine spezielle Kräutermischung auf den Markt. Nun findet sich im Übermaß für alle Bereiche das richtige Kräutchen; ob für chronisch hustenkranke, gestreßte und nervige, für leistungsschwache oder alte Pferde.

Aber warum boomt der Markt dieser Kräuterzusatzfutter so stark? Welche positiven Eigenschaften erwarten die Käufer von diesen Kräutermischungen? Aus der Menschenheilkunde ist schon seit Jahren eine erfolgreiche Anwendung von Kräutern bestätigt worden: sie zeigen sich stoffwechselanregend, allgemein gesundheits- und heilungsfördernd und haben eine entschlackende Wirkung auf den Organismus.

Um Kräuter entsprechend erfolgreich einzusetzen, muß der Pferdehalter über die Eigenschaften und Wirkungsweise einzelner Heilpflanzen gut Bescheid wissen.

Einfacher ist es dagegen, sich bei den speziellen Futteranbietern die fertig zusammengestellten Kräutermischun-

Viele Pferdeweiden sind durch einseitige Nachsaaten und Überdüngung zu Monokulturen geworden und haben ihre Artenvielfalt häufig verloren. Die Pferde finden so kaum noch vitamin- und mineralstoffreiche Pflanzen.

gen für den gewünschten Bedarf zu kaufen. Dazu bekommt er den Hinweis auf die zu fütternde Menge, um eine bestmögliche Wirkung zu erzielen.

Aber warum Kräuter zufüttern, wenn mein Pferd auf die Weide kommt? Diese Frage stellen sich viele Pferdebesitzer, wenn das Thema Kräuterzusatzfutter angesprochen wird. Auf den meisten Pferdeweiden ist heute das Angebot von Kräutern sehr zurückgegangen. Die Gründe dafür liegen in zu intensiver Weidenutzung und Überdüngung, hinzu kommen mangelnde Pflege der Nutzflächen und einseitige Nachsaaten.

Diese einseitigen Nachsaaten von Klee und Gras sind schuld an dem Rückzug der eigentlichen Wiesenkräuter, da diese regelrecht verdrängt werden. Daraus ergibt sich im Laufe der Jahre eine recht einseitige Beschaffenheit der Kräuterzusammensetzung von Weidegras und Winterheu.

Diese Erkenntnis gab den entscheidenden Weg zur Entwicklung von Pferdekräuterfuttern in der Futtermittelindustrie, um das Defizit in der Pferdeernährung auszugleichen. Mittlerweile werden zwischen 50 und 80 verschiedene Arten in den Kräutermischungen eingesetzt.

Bis zum heutigen Zeitpunkt jedoch gibt es noch sehr wenig wissenschaftliche Untersuchungen über die Wirkungsweise in bezug auf Menge und Zusammensetzung der Kräuter für den Pferdeorganismus. Viele Anhaltspunkte werden dazu aus der Humanmedizin herangezogen und für die Pferdefütterung umgesetzt.

Kräuter können aber nicht nur bei vorhandenen krankhaften Befunden zusätzlich gefüttert werden, sondern auch zur Prophylaxe. Zur prophylaktischen Anwendung zählt der Einsatz von speziellen Hustenkräutermischungen und/oder immunstärkenden Pflanzen in den Wintermonaten, um so vorbeugend gegen Husten- und Erkältungskrankheiten zu schützen.

Bei älteren Pferden kann mit einer speziell zusammengestellten „Veteranenmischung“ das Wohlbefinden in bezug auf Stoffwechsel und Verdauung gefördert werden.

WARUM WILL DER PFERDEBESITZER KRÄUTER ZUSÄTZLICH FÜTTERN?

Der Trend zum natürlichen Leben macht sich auch in der Pferdehaltung zusehends bemerkbar. Da wird auf artgerechte Haltung und pferdegerechter Umgang großen Wert gelegt.

Diese Tendenz greift ebenso auf die Pferdefütterung über, und was „natürlich” ist, ist auch gut. Folglich wollen viele Pferdebesitzer ihren Pferden mit der Fütterung von Kräutern “etwas Gutes tun”.

Aber nur eben mal so eine Handvoll Kräuter in den Futtertrog zu werfen, wird keine befriedigende Wirkung erzielen.

Gesunde Pferde mit ausreichend Weidegang auf artenreichen Weiden sind sicher keine Kandidaten, die zusätzlich mit Kräutern gefüttert werden müssen.

Hier kann sich der Pferdebesitzer die recht hohen Ausgaben sparen. Pferde dagegen in reiner Boxenhaltung können von einer täglichen Portion an Heil- und Würzkräutern sehr wohl

Die Kamille ist eine sehr vielseitig verwendbare Heilpflanze.

profitieren. Am sinnvollsten werden Kräuter bei kranken, schwachen, chronisch kranken oder alten Pferden eingesetzt. Dabei ist eine fachkundige Auswahl der passenden Pflanzen zu den jeweiligen Bedürfnissen sowie die richtige Bestimmung der zu fütternden Menge von größter Bedeutung, um unnötige Fehlanwendungen zu vermeiden.

Da die wenigsten Tierärzte sich in diesem Metier auskennen und recht selten Fragen der Pferdebesitzer zur Kräuterfütterung beantworten können, obliegt den Herstellern große Verantwortung in bezug auf ihre Zusammenstellung der Kräutermischung und den Angaben zur Fütterungsmenge. Ebenso spielt die Qualität der Kräuter eine große Rolle mit Blick auf ihre Wirksamkeit. Eine gute Qualität zeigt sich in der Reinheit, sowie in der Verarbeitungs der Kräuter.

SIND KRÄUTER IN JEDER FORM UNBEDENKLICH ANZUWENDEN?

Bei fertig gekauften Mischungen wurde bereits vom Hersteller für eine Unbedenklichkeit gesorgt, da Pflanzen mit toxischer Wirkung nicht, oder allenfalls gezielt, in sehr geringen Anteilen verwendet wurden.

Selbst zusammengestellte Kräutermischungen sind nur dann unbedenklich zu füttern, wenn sich der Besitzer wirklich gut mit den einzelnen Wirkstoffen der Heilpflanzen und der zu verabreichenden Menge auskennt. Dies erfordert jedoch ein sehr umfangreiches Wissen in der Kräuter- und Heilpflanzenkunde. Daher ist es in Zweifelsfällen oder bei mangelnden Kenntnissen stets besser, sich auf fertige Mischungen zu verlassen. Diese können auch in Apotheken auf spezielle Wünsche hin gemischt werden.

Abschließend sei noch anzumerken, daß Kräuterergänzungsfutter in chronischen Krankheitsfällen, bei einseitiger Ernährung, altersbedingten Schwächen und Stoffwechselstörungen einen sinnvollen Einsatz finden.

Wichtig ist dabei, eine optimal passende Kräutermischung zusammenzustellen und in einer wirksamen Dosierung zu verfüttern.

Und über eines sollte sich jeder kräuterfütternde Pferdebesitzer klar sein: zu einer effektiven Kräuterfütterung gehört auch eine artgerechte Pferdehaltung, denn eine noch so große tägliche Portion Kräuter kann die natürlichen Bedürfnisse des Pferdes nach Licht, frischer Luft und viel Bewegung zur Gesunderhaltung niemals ersetzen!

DIE PFLANZEN UND IHRE HEILKRÄFTE

Es ist schon sehr beeindruckend, wenn man sich über die Heilwirkung der unterschiedlichsten Pflanzen informiert und feststellt, welch große Wirkung manch unscheinbares Pflänzchen am Wegrand in sich trägt.

Sogar Pflanzen und Kräuter, über deren Vorhandensein viele Gartenbesitzer nicht gerade glücklich sind und die sie mit viel Mühe auszurotten versuchen, haben in der Pflanzenheilkunde eine große Bedeutung.

Diese heilenden Eigenschaften sind in der Pferdehaltung neben der herkömmlichen klassischen Medizin in den letzten Jahren verstärkt erfolgreich eingesetzt worden. Leichte Erkrankungen oder chronische Leiden konnten mit Hilfe der pflanzlichen Heilkräfte gelindert oder sogar geheilt werden.

Viele Pflanzen enthalten wichtige Mineralien und Vitamine, die für eine gesunde Ernährung in der Pferdehaltung unentbehrlich sind.

Oft ist es gar nicht schwer, diese Pflanzen selber zu sammeln, um daraus seinem Pferd eine gesunde Leckerei herzustellen. Und bei Erkrankungen sollten sie neben der tierärztlichen Behandlung ebenfalls ihren Einsatz finden.

Welches Kraut für welche Leiden gewachsen ist und eingesetzt werden sollte, ist in der nachstehenden Liste aufgeführt. Es wurden nur jene Pflanzen und Kräuter erwähnt, die auch in den Rezepten verwendet werden.

Ackerschachtelhalm auch Zinnkraut genannt:
Hilft bei Nierenleiden, Atemwegserkrankungen, Rheuma.

Anis:
Wirkt bei Hustenerkrankungen schleimlösend und beruhigend, kann ebenso bei Magen- und Darmbeschwerden eingesetzt werden.

Apfel:
Wirkt sich verdauungsfördernd auf den Darmtrakt aus und steigert die allgemeine Immunabwehr. Hilft ebenso bei Erkrankungen der Atemwege.

Baldrian:
Er hat beruhigende und krampflösende Eigenschaften, die besonders bei ängstlichen und nervösen Pferden ihren wertvollen Einsatz finden.

Birke:
Die Blätter wirken bei rheumatischen und arthrotischen Beschwerden lindernd, da ihnen eine blutreinigende Wirkung nachgesagt wird.

Brennessel:
Die Brennessel, leider viel zu häufig als Unkraut verkannt, hilft bei Atemwegserkrankungen und ist schleimlösend. Die blutreinigenden Eigenschaften wirken sich bei Gelenkerkrankungen positiv aus.

Fenchel:
Fenchel wird häufig Wegen seiner schleimlösenden Funktion bei Hustenerkrankungen eingesetzt. Weitere Eigenschaften: er ist verdauungsfördernd und appetitanregend. Zur Kolik neigende Pferde sollten daher häufiger eine „Fenchel-Rezept" serviert bekommen.

Frauenmantel:
Das Kraut des Frauenmantels sollte bei tragenden Stuten möglichst oft gefüttert werden, da es sich kräftigend auf das Gewebe der Gebärmutter auswirkt. Dazu kommt eine beruhigende und krampfstillende Wirkung bei Magen-Darmerkrankungen.

Holunder:
Der Holunder hat, als Saft warm verabreicht, bei fieberhaften Erkrankungen eine fiebersenkende Wirkung.

Dazu wirkt er schleimlösend bei Husten und hat verdauungsfördernde Eigenschaften im Magen- Darmbereich.

Johanniskraut:
Dieses Kraut empfiehlt sich bei nervösen und unruhigen Pferden, da es beruhigend auf das Nervensystem wirkt. Nebenbei verhilft es kolikanfälligen Pferden zu einer stabileren Magenfunktion.

Kamille:
Die Kamille ist eines der vielseitigsten Heilkräuter. Sie hilft fast überall, bei Magenbeschwerden, Fieber, Wunden, Gelenkproblemen und Atemwegserkrankungen.

Knoblauch:
Er dient nicht nur zur Abwehr von Vampiren im Stall, sondern trägt auch zu einem guten Verdauungsvorgang bei. Im Sommer wirkt er zudem als Anti-Mückenmittel, da die Hautausdünstungen der Pferde nach regelmäßiger Knoblaucheinnahme alle Insekten abschreckt.

Kümmel:
Der Kümmel sorgt für eine optimale Verdauung der Nahrung und hilft bei Pferden, die zur Kolik neigen.

Leinsamen:
Wirkt im Verdauungstrakt und hilft, die Nahrung optimal zu verwerten. Sein hoher Fettanteil gibt dem Haarkleid der Pferde eine schönen Glanz.

Löwenzahn:
Ist ein sehr vitaminhaltiges Gewächs und hat zudem eine positive Auswirkung auf die Verdauung.

Pfefferminze:
Die Pfefferminze ist ähnlich wie die Kamille sehr vielseitig einsetzbar. Sie hilft bei Darmträgheit und hat bei Atemwegserkrankungen immer eine wertvolle schleimlösende Wirkung.

Spitzwegerich:
Er findet sich auf vielen Pferdeweiden, und das ist auch gut so, denn er wirkt sich fördernd auf die Verdauung aus und ist schleimlösend bei Hustenerkrankungen.

Stiefmütterchenkraut:
Seine blutreinigenden Eigenschaften sind bei Gelenkerkrankungen hilfreich. Hinzu kommt eine schleimlösende Wirkung bei Atemwegserkrankungen.

Weide:
Sie findet bei älteren Pferden mit Gelenkrheumatismus sinnvollen Einsatz durch den Wirkstoff Salicin.

KOMPAKTES PFERDEWISSEN

FÜR WENIG GELD

broschiert, 32 Seiten, durchgehend farbig

Anke Rüsbüldt
Pferde richtig impfen und entwurmen
Was man unbedingt wissen muss
ISBN 3-86127-249-0

Renate Ettl
Westernreiten
Tipps für Ein- und Umsteiger
ISBN 3-86127-247-4

Cornelia Koller
Distanzreiten
Tipps für Einsteiger
ISBN 3-86127-248-2

Angelika Schmelzer
ABC der Bodenarbeit
Tipps für Neugierige
ISBN 3-86127-255-5

Angelika Schmelzer
Pferde gymnastizieren
So macht man es richtig
ISBN 3-86127-256-3

Angelika Schmelzer
Basispass Pferdekunde
Das Grundwissen für Pferdefreunde
ISBN 3-86127-250-4

Ulrich Wulf
Haflinger
Ein Rassewegweiser
ISBN 3-86127-257-1

Anne-Katrin Hagen
Erste Dressurübungen
Grundausbildung für Pferd und Reiter
ISBN 3-86127-258-x

CADMOS
PFERDEBÜCHER

Prospekt anfordern bei:
Cadmos Verlag GmbH • Lüner Rennbahn 14 • D-21339 Lüneburg
Tel. 04131/9835 150 Fax.04131/9835 155
www.cadmos.de